주머니에 든 행복

주머니에 든 행복

신현식 수필집

수필과비평사

| 책머리에 |

손님상床을 차리며

　세 번째 수필집을 내놓게 되었습니다. 틈틈이 쓴 글들을 모아서 엮으니 또 한 권의 책이 되었습니다. 앞서 다 한 것 같은 이야기들이 아직도 남아 있다는 게 저 자신도 믿기지 않습니다. 이렇게 해가 기울기 전에 수필집을 펴내게 되어 슬며시 안도가 됩니다.
　이번 수필집을 준비하면서 새로운 것을 느꼈습니다. 책을 펴내는 것은 손님을 초대하는 것과 같다는 생각이 들었습니다. 몇 년 만에 책을 펴내는 것과, 오랜만에 귀한 손님을 맞는 것이 닮지 않았습니까. 또 상재하는 하나하나의 작품들은, 손님들께 대접해 드리는 음식이라는 생각이 들기도 했습니다.
　손님을 맞는다는 것은 더없이 기쁜 일입니다. 더구나 오랜만에 뵙게 되는 분들이야 무슨 말이 필요하겠습니까. 그래서 설레기도 하지만 한편으로는 조바심도 나고 여간 신경 쓰이는 게 아닙니다. 더구나 귀하신 손님들이니 만큼 대접에 소홀함이 있을까봐 조심스럽기 그지없습니다.

손님 대접은 뭐니 뭐니 해도 맛있는 음식일 겁니다. 귀한 재료를 구하고 갖은 양념에 솜씨를 부려 성찬을 차려 하는 것은 너무나 당연한 것 아니겠습니까. 그런데 저를 보기 위해 오시는 손님들의 입맛을 가늠하기가 어려웠습니다. 요즘, 훌륭한 음식들이 너무나 많이 나오고 있기 때문입니다. 그래서 두근두근 마음을 졸였던 게 사실입니다.

손님들이 어떤 음식을 좋아하실지 쉬이 감이 잡히지 않았습니다. 또 얼마나 많은 종류의 음식을 차려야 할지도 고민이 되었습니다. 그것만이겠습니까. 양념을 맵싸하게 해야 할지, 담백하게 해야 할지, 음식의 진설은 어떻게 해야 할지 한참을 고민한 끝에 결정했습니다.

몇 해 전, 처음 상을 처음 차렸을 때엔 서툴기도 하고, 너무나 당황한 나머지 그저 있는 재료들을 듬뿍듬뿍 넣어 요리를 했던 것 같습니다. 그래서 짜기도 했고, 맵기도 했고, 맛이 한쪽으로 기울었던 것 같아 몹시 부끄러웠습니다.

그 다음 상을 차렸을 때엔 아무런 이유 없이 서두른 감이 있었습니다. 그래서 재료나 양념이 서로 맞지 않아 맛이 겉도는 음식을 차렸던 것 같아 몹시 민망했습니다. 손님들이 다 돌아가신 다음 또 얼마나 많은 후회를 했는지 모릅니다.

두 번의 실패를 거듭했으니 제대로 된 상을 차려야 할 텐데, 조심스럽기는 마찬가지입니다. 오히려 귀한 재료들을 이미 써

버렸기에 초조한 마음입니다. 그러나 마음을 가라앉히고 나름대로 갖은 재료를 구해 정성껏 음식을 장만해 보았습니다.

저는 성격 탓인지, 솜씨가 모자란 탓인지, 양념에 서툴기만 합니다. 그래서 순수한 재료의 맛만 살리려고 애를 썼습니다. 상을 차릴 때만큼은 그런대로 잡수실 만하다는 생각을 하곤 합니다. 하지만 손님들이 가시고 나면 늘 후회를 합니다. 이처럼 자만과 후회 사이를 오락가락하는 건 저 혼자만인지 모르겠습니다.

이렇게 부족하나마 손님상을 차리며 하나의 바람을 가져봅니다. 부디 여러분의 입맛에 맞았으면 하는 바람입니다. 나름 성심껏 차린 음식이니 설령 입맛에 맞지 않더라고 너그럽게 양해해 주시면 감사하겠습니다.

마지막으로 이렇게 음식을 올려놓을 수 있도록 커다란 식탁을 내어 주신 분들께 깊은 감사를 드립니다.

2017년 겨울
신현식

■ **차례**

1부
낙타, 길을 잃다

세력의 위협 __ 14

낙타, 길을 잃다 __ 18

젓가락과 포크 __ 22

일취一炊 선생 __ 27

성벽城壁을 쌓으며 __ 31

빠르되 지나치지 않게 __ 35

삼류三流 수필가 __ 39

양면성에 대하여 __ 42

고집과 신념信念 __ 46

역전驛前 개구리 __ 50

2부
감각에 기대어

작은 벽돌의 의미 _ 56

사다리 타기 _ 60

무장해제武裝解除 _ 63

목표는 길이다 _ 66

감각에 기대어 _ 69

국밥과 따로국밥 _ 72

그러나, 아내는 괜찮다 _ 75

48시간 _ 80

윤 법사法嗣 _ 83

어떤 고정관념固定觀念 _ 87

3부
견디기와 버티기

군자목君子木 __ 92

몰랐던 함수函數 __ 95

오래된 버릇 __ 100

버티기와 견디기 __ 103

염소탕 한그릇 __ 106

에베레스트 오르기 __ 111

청개구리 __ 115

거인ㅌㅅ들 __ 118

참으로 숫되다 __ 122

한 발 비켜서면 __ 126

4부
주머니에 든 행복

기氣를 읽는다 __ 130

화장과 면도 __ 133

이헌령비헌령 __ 136

참소주와 참이슬 __ 140

맞대응 __ 145

주머니에 든 행복 __ 149

오늘도 이발소에 간다 __ 152

총銃 이야기 __ 156

값진 선물 __ 159

그 흐린 날의 바람 __ 163

5부
봄날, 잠깐인 것을

수박 먹는 법 ＿ 168

전쟁 준비 ＿ 171

저마다의 삶 ＿ 173

틈을 위하여 ＿ 176

상처뿐인 영광 ＿ 181

의지意志의 열쇠 ＿ 188

동네 병원 ＿ 193

그는 바보인가? ＿ 197

참맛 ＿ 199

그럴듯한 허상 ＿ 202

봄날, 잠깐인 것을 ＿ 205

소소한 호사豪奢 ＿ 209

1부

세력의 위협
낙타, 길을 잃다
젓가락과 포크
일취一炊 선생
성벽城壁을 쌓으며
빠르되 지나치지 않게
삼류三流 수필가
양면성에 대하여
고집과 신념信念
역전驛前 개구리

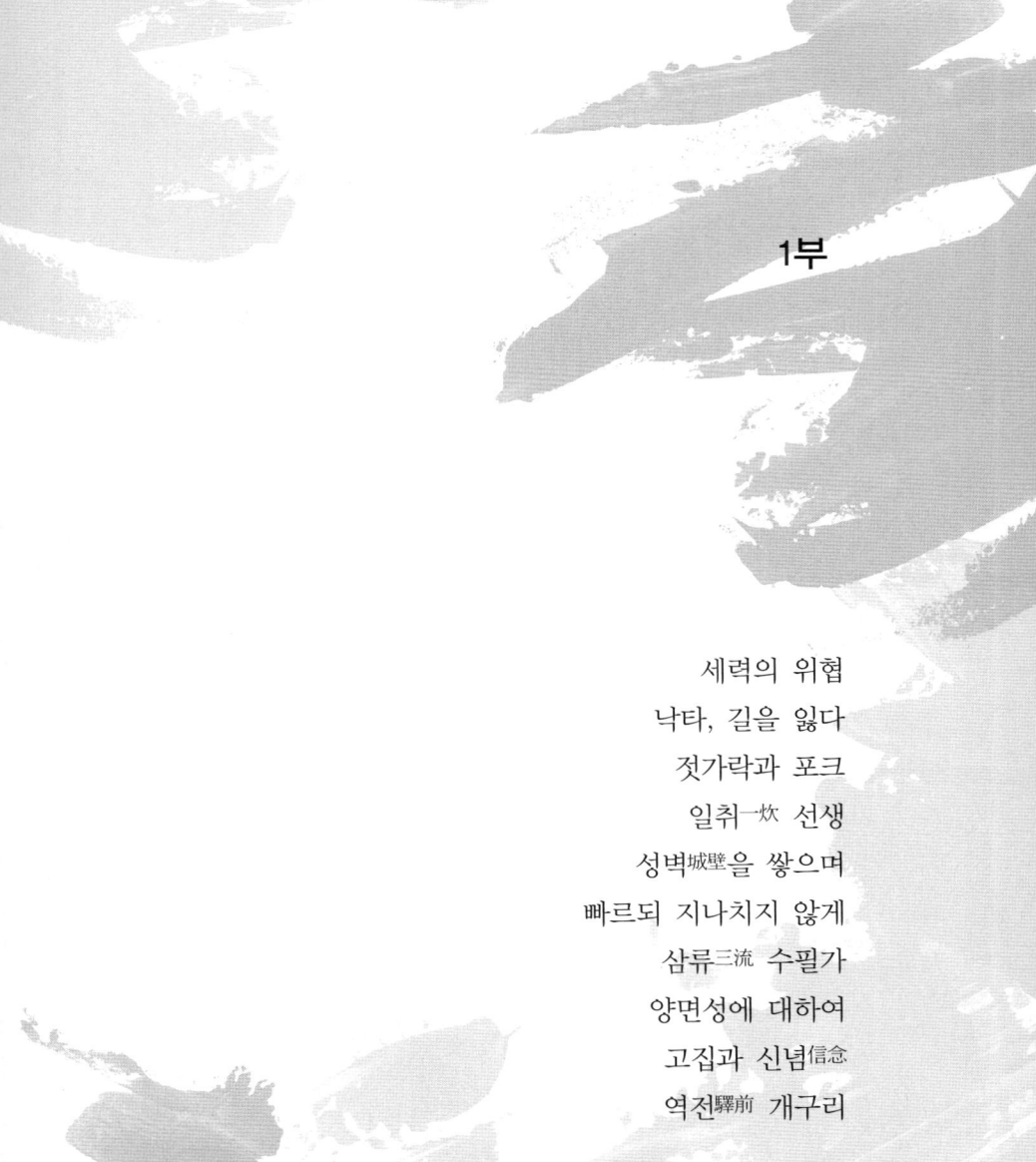

세력의 위협

꽃이 만발했다. 금호강 하중도에 코스모스가 흐드러졌다. 끝이 가물가물한 넓은 섬에 알록달록한 코스모스가 온통 뒤덮고 있다. 한두 송이가 피면 보잘것없는 코스모스지만 이처럼 수백만 송이가 군락을 이루고 있으니 아름답기 이를 데 없다. 볼품없던 것들도 무리를 이루면 이처럼 장관이 된다.

무리를 이루면 아름답기도 하지만 힘도 커진다. 혼자서 제아무리 목청껏 외친다 해도 멀리까지 그 소리는 가지 않는다. 그러나 여럿이 모여 고함을 지르면 함성이 되어 멀리에 닿게 된다. 한두 사람이 당하는 일과, 몇 백 명이 당하는 일에는 엄청난 차이가 있는 것과 같은 이치다.

몇 안 되는 사람이 피켓을 들고 시위를 해봐야 거들떠보지도 않는다. 수백, 수천, 수만 명의 시위는 무소불위의 힘을 가진다. 그렇게 뭉쳐진 힘을 세력이라 하고 어느 누구도 무시하지 못한다. 그래서일까. 우리는 무리를 지어 세력 키우기에 온갖 힘을 기울인다.

이 세상에 세력이 존재하지 않는 곳은 없다. 가장 가까이 대하는 세력은 자연이 아닐까. 태양과 지구와 달의 세력에 의해 낮과 밤이 있고 사계절이 있고, 폭염을 퍼붓고 태풍도 몰아친다. 저기압과 고기압의 세력 다툼에 바람이 불고 비를 뿌리며 우리 인간들에게 막대한 영향을 끼친다.

나무들도 세력을 형성하고 있다. 소나무와 참나무 군락이 있고, 오리나무와 아까시나무 숲이 있다. 그들도 저희들끼리 세력 다툼을 벌인다. 나무는 키를 높이고 가지와 뿌리를 벌려 세력을 넓힌다.

들판의 풀들도 세력이 있다. 민들레는 그들의 영토가 있고, 쇠비름도 나름의 영역이 있다. 잔디의 지대가 있고 토끼풀의 서식지가 있다. 그들은 뿌리를 벌리고 씨를 날려 세력을 넓힌다. 다른 종이 침투할 수 없게 영토를 굳건히 지킨다.

동물도 마찬가지다. 그들도 같은 종끼리 무리지어 생활한다. 힘이 약할수록 무리를 지어 집단생활을 한다. 무리에서 떨어지지 않으려 안간힘을 쓰고 있다. 포식자들을 막아내기 위한 하나의 방법이다.

인간 사회는 어떤가. 초등학교에서부터 세력은 형성된다.

먹을 것이나 학용품을 나누어 주며 세력을 만든다. 중학교에 가면 주먹으로 세력을 넓히고, 고등학교에 가면 성적에 의해 세력이 만들어진다. 대학에 가면 실력이나 배경으로 바뀌고, 사회에 나오는 그때부터는 금전이나 기술, 권력이나 학문에 의해 세력이 형성된다.

세력의 속성은 흩어져 있는 하나하나의 힘을 규합하고, 그 힘이 밖으로 표출되는 것을 말한다. 세력은 하루아침에 만들어지는 것이 아니다. 지혜와 의지가 있고, 단결과 노력에 의해서만 만들어진다.

그렇게 만들어진 세력은 학교에도, 동네에도, 회사에도, 각종 단체에도, 국회에도, 정부의 각 부처에 뿌리를 내리고 있다. 그들은 다른 세력들이 범접할 수 없도록 성문을 굳건히 지킨다. 만약 영역을 넓히려는 다른 세력들을 만나게 되면 큰 다툼이 일어나게 된다.

이 인간 세상의 세력 다툼은 수없이 이어져 왔다. 선사시대의 고인돌, 유럽 전역에 널려 있는 성과 성당들, 하늘 높이 솟은 바티칸 광장의 오벨리스크, 이집트의 거대한 피라미드, 이런 것들은 부족과 부족, 민족과 민족, 국가와 국가 간의 세력 과시를 위해 만들어진 것들이다. 그러한 구조물을 짓는 것은 이만한 세력이 있으니 결코 얕보지 말라는 경고인 셈이다.

북한이 핵실험과 미사일 발사를 일삼는 현상도 세력의 과시이다. 그래서 높게 멀리 쏘아 올리려 애를 쓴다. 중국은 북한의 그런 짓이 마음에 들지 않지만 은근히 부추기고 있다. 이것도 세력을 규합하려는 속셈이 깔려 있다. 반대 진영의 막강한 세력에 대응하려면 동맹을 맺으며 그렇게 해야만 하는가 보다.

우리 인간세계에 범람하는 분란은 모두 이 세력다툼에서 빚어진다. 안타깝게도 지구의 종말이 오기 전에는 이 무서운 세력 다툼은 사라지지는 않을 것이다. 그렇다면 정말 큰일이 아닐 수 없다. 눈앞에 장관을 이루고 있는 저 코스모스 군락도 쉬이 소멸시킬 수 없을 것인즉, 하물며 인류의 재앙이 될 저 국가들의 세력은 과연 누가 해체할 수 있을까.

낙타, 길을 잃다

 낙타가 사막을 걷고 있다. 비틀거리는 모습이 몹시 지쳐 보인다. 그렇다고 주저앉을 수 없다는 듯. 이글거리는 태양 아래 뚜벅뚜벅 걷고 있다. 다큐멘터리 영상 속에 길 잃은 낙타가 뜨거운 모래 위를 비틀거리며 걷고 있다.
 저 낙타가 끝내 길을 찾지 못한다면 어찌될까. 오래지 않아 참을 수 없는 갈증과 맞닥뜨릴 게 틀림없다. 갈증은 정신을 혼미하게 할 테고, 점차 근육을 굳게 할 터이고, 종내에는 심장마저 멎게 할 것이다.
 사막은 더없이 잔인한 곳이다. 낙타가 갈증을 견디지 못하면 낙타풀이라도 찾아 나서야 한다. 비록 낙타풀의 가시가 입과 혀를 찔러도 마다할 수 없다. 낙타풀의 녹즙이 아니라 자신의 입에서 나온 피라도 어쩔 수 없다. 그마저 삼키지 못한다면 결국 모래밭에 무릎을 꿇는 수밖에 없기 때문이다. 그것이 길 잃은 낙타의 운명이다.

　우리의 인생도 낙타가 사막을 건너는 것과 다름 아니다. 각자의 짐을 등에 얹고 멀고 먼 모래 길을 걷는 것이 인생이다. 어떤 이는 오아시스를 만나기도 하고, 어떤 이는 길을 바르게 걸어 온전히 사막을 건너고, 어떤 이는 길을 잃고 사막 한가운데서 무릎을 꿇는다.

　내 삶이 마치 저 길 잃은 낙타와 닮은 듯하다. 인생 전반에 걸쳐 이리저리 헤매는 삶을 살고 있으니 그리 생각된다. 지금은 이렇게 글을 쓰며 유유자적하는 것 같아 보이지만 이마저 내 갈 길인지 분간키 어렵다.

　중학생 때, 장난을 치다 한쪽 눈을 다쳤다. 철이 없기도 했고, 어렵던 시절이라 부모님께 말씀드리지 못했다. 퉁퉁 부은 눈을 감추고 병원에 가지도 않았다. 자연히 시력이 떨어졌다. 시력이 좋지 않으니 칠판이 잘 보일 리 없었고 성적 또한 떨어졌다. 눈이 흐리면 길을 잃게 마련이다.

　고등학교 진학도 치기 어린 결정이었다. 집안에 깨우친 분이 없으니 진학에 도움을 받지 못했다. 동네의 형들이 공고를 가면 성공한다는 말에 솔깃했고, 친하게 지내는 친구의 꼬드김에 덜컥 공고에 응시했다. 사리판단이 서툴면 길을 잃게 마련이다.

　막상 입학을 하고 보니 적성에 맞지 않았다. 수업은 하지 않고 언제나 겉돌기만 했다. 입학할 때 장만한 노트를 졸업 때까지 지녔으니 학업은 뒷전이었다. 다른 탈출구를 찾아 나선 것이 영화와 팝송이었다. 실속 없는 곳을 기웃거렸으니 방황할 수밖에 없었다.

철부지는 영화 연출이 꿈이었다. 영화잡지의 시나리오를 탐독했다. '윌리엄 와일러'와 '에리아 카잔', '빗토리오 데시카' 감독을 흠모했다. 졸업을 하면 영화판에 뛰어들 것이라 굳게 마음먹었다. 그러나 그것은 철없던 한때의 꿈에 불과했다. 집안 형편도 그러했지만 영화는 중앙에 있었고, 나는 변방에 있었으니 '출가'라는 용기가 필요했다. 그러나 그만한 용기는 부모님이 물려주지 않았다. 강한 의지가 없으니 길을 잃을 수밖에 없었다.

방에 박혀 담배만 피워댈 수는 없었다. 모두가 어렵던 시절, 취직은 낙타가 바늘구멍을 지나는 격이었다. 이리저리 옮겨 다니며 밥벌이를 했다. 대개의 젊은이들이 불확실한 미래로 인해 방황한다지만, 나는 그들보다 몇 곱절이나 더 지독한 방황을 해야만 했다. 그토록 길을 잃고 헤매었으니 목이 타는 건 당연했다.

그럭저럭 세월이 흘러 걸음이 닿는 곳에 정착하였고, 자립도 할 수 있었다. 한때, 사업이 번창하여 그럭저럭 가정을 꾸렸다. 늘 오아시스에서의 생활이 이어질 줄 알았다. 그러나 그것도 잠시였다. 사업이 내리막길로 곤두박질치니 사정은 급변했다.

뜨거운 사막 한가운데 내던져지게 되니 갈증은 극에 달했다.
 사업 실패는 인생 패배로 귀결되고, 패배는 흉측한 낙인으로 남는다. 무능한 가장이 무슨 할 말이 있을까. 가족들의 불평과 불만이 없을 수는 없으리라. 다 각오해야 했다. 그뿐인가, 인생 전반의 공은 모두 사라지고 과만 남는 것도 받아들여야 했다. 그 모든 것들이 가시가 되어 내 앞을 가로막았다. 살아남으려면 그 가시라도 씹어 삼켜야 했다. 입을 찌르고 혀를 찔러도 어쩔 수 없이 삼켜야만 했다.
 아픔의 긴 세월이 흐른 끝에 묶여 있던 토지가 도시계획에서 풀려났다. 낙타풀을 삼켜 얻은 결과이리라. 꽁꽁 묶인 매듭이 풀리니 스르르 눈이 뜨였다. 그때서야 어슴푸레 글쓰기라는 낯선 길이 보였다. 지금껏 걸었던 길과는 사뭇 달라 성큼성큼 걸음을 내대디뎠다.
 그러나 한참을 걷다 보니 이 길 또한 고행길이란 걸 깨닫게 되었다. 모래바람이 일고 뙤약볕이 내리쬐는 걸 보면 사막이나 다를 게 없다. 어쩌면 이제껏 걸었던 길보다 더 험난한 길인지도 모른다. 여태 보지 못했던 신기루까지 보였다 사라진다.
 그러나 지금껏 걸었던 것처럼 인내하며 가야만 한다. 비록 낙타풀을 씹더라도 가야만 한다. 모래 바닥에 무릎을 꿇을 수는 없기 때문이다.

젓가락과 포크

　동양인은 젓가락을 사용한다. 서양인은 포크를 사용한다. 식사를 할 때 사용하는 도구가 이렇듯 차이를 보인다. 음식을 집는 도구로서, 같은 목적을 가졌지만 모양새나 다루는 방법이 동양과 서양은 확연히 다르다.
　이 젓가락과 포크를 봄으로써 동양과 서양의 음식문화가 상이하다는 것을 짐작할 수 있다. 동양인은 채식 위주였기에 젓가락이 나왔을 테고, 서양인은 육식 위주였기에 포크와 나이프가 생겨났을 것 같다.
　동양인의 젓가락은 나뭇가지를 꺾어 쓰는 것으로 시작하지 않았을까. 밥과 채식 위주였으니 나무 가지 하나로 밥이든 찬이든 입으로 끌어당길 수 있었으리라. 그러다 차츰 두 개의 나무 꼬챙이를 손가락으로 조정하여 손쉽게 음식을 집기 시작했을 것으로 추측된다.

　서양인은 계속 손을 사용한 것 같다. 지금도 손을 사용하는 곳이 있으니 신빙성이 높다. 포크를 사용하게 된 것은 중국인들이 젓가락으로 음식을 먹는 것을 본 다음부터라는 설이 있다. 그들은 사냥을 할 때 쓰던 삼지창을 손에 쥘 수 있도록 작게 만들었을 것으로 짐작된다.

　젓가락은 그저 가느다란 꼬챙이가 두 개일 뿐이다. 한 뼘 정도 길이의 소박한 도구이다. 구조도 직선으로 되어 단순하기 이를 데 없다. 나무를 조금 다듬었을 뿐 여러 공정을 거치지 않았다. 그래서 젓가락 문화권은 산업화에 느렸다.

　반면, 포크의 모양새는 복잡하다. 넓적하고 길쭉한 철판에, 한쪽은 손잡이 그 반대쪽은 삼지창 모양을 취한다. 언뜻 보아도 정교하게 가공된 도구이다. 이처럼 쇠를 다루어야 하고 여러 공정을 거쳐야 만들 수 있는 물건이다. 그래서 포크 문화권은 산업화에 빨랐고 특히 무기가 발달하였다.

　두 도구의 다루는 법 또한 사뭇 다르다. 젓가락은 다루기가 꽤 어려워서 어린애들은 엄두조차 내지 못한다. 삼십여 개의 관절과 근육을 움직여야만 대상을 집을 수 있다. 음식을 집기 위해 조종에 집중해야 한다. 그 덕택에 손재주가 발달했다.

　그에 반해 포크의 사용은 쉬운 편이다. 대상을 적당히 찌르면 취할 수 있다. 그러나 집중하지 않아도 되고, 정교한 손놀림 또한 필요치 않다. 그래서 어린애들도 잘 쓸 수 있다. 그러나 그들은 손을 쓰는 일에는 서툴다.

　세상의 무엇이든 장단점이 있기 마련이다. 젓가락은 손가락의 힘으로만 집어야 하기 때문에 큰 것이나 무거운 것은 잘 집지 못한다. 그러나 아주 작은 콩 같은 것을 집어 올리는 데는 이보다 더 좋은 도구는 없다.

　포크는 팔을 움직여 그저 꼭 찍으면 되기에 무거운 것이나 큰 것도 수월하게 집어 올릴 수 있다. 그러나 콩같이 작은 것을 집을 때에는 한계가 있다.

　도구를 보면 심성도 알 수 있다. 동양인은 음식을 만들 때 재료를 잘게 썰어서 조리를 한다. 음식을 먹는 이가 젓가락으로 쉽게 집을 수 있게 한 것이다. 그것은 상대를 배려하는 넉넉한 마음에서 우러나온 것이리라.

　서양인의 요리는 큰 덩이로 된 것이 많다. 특히 고기류는 대체로 큼지막하게 구워 내는 편이다. 그렇기 때문에 나이프로 썰어야만 포크로 찍을 수 있다. 상대를 세심하게 배려하지는 않는 편이다.

　젓가락은 모양새가 단순하여 그저 대상을 집어서 옮기는 역할만 할 수 있다. 음식을 찍지 않고 감싸듯 살포시 집어 오고, 그 집는 것도 한꺼번에 많이 집을 수도 없을뿐더러 옮기는 도중에 흘리기도 하는, 넉넉하지만 어설픈 면도 없지 않은 도구이다.

포크는 그에 반해 뾰족하고 날카로운 구조를 가져 대상을 찔러서 옮기는 도구이다. 무거운 것이나 큰 것을 쉽게 집어 올 수 있다. 그리고 한 번 찍으면 잘 빠뜨리지 않는 정확하고 타이트한 도구이다.

동양의 젓가락은 가느다랗고 단순하여 순하고 여리다. 끝이 뾰족하지도 않아 전혀 위협적으로 보이지 않는다. 젓가락의 여리고 순박함이 몸에 스며든 때문일까. 동양인은 순한 양처럼 성격이 유순한 편이다.

포크의 모양새는 강하고 날카로워 무기처럼 위협적이다. 대상을 찌를 때엔 난폭함과 잔인함이 그대로 드러난다. 포크의 폭력성과 잔인함이 몸에 스며든 때문일까. 서양인은 독수리나 사자처럼 거친 면이 많다.

세상이 변하여 우리의 음식문화도 점차 육식으로 바뀌고 있다. 그에 따라 차츰 젓가락문화에서 포크문화로 전환되고 있음을 실감한다.

스테이크를 먹을 때 포크를 쓰는 것은 이해를 하겠다. 그러나 보기 싫다며, 자신과 뜻이 맞지 않는다며 급우를, 동료를 따돌리고 밀어낼 때 마치 포크로 '콕' 찍어 속아내는 행태를 보이고 있으니 놀라지 않을 수 없다.

만약 온 국민이 포크를 쥐는 날엔 서로를 감싸 안는 부드러움도, 배려하는 넉넉함도 사라질 것이 분명하다. 그리하여 저 바다 건너의 나라들처럼 거리에서 총질이 난무하게 될지도 모를 일이다.

일취一炊 선생

　동서同壻는 현관문을 열어주며 반색을 한다. 후줄근한 차림으로 거실에 혼자 있다가 우리를 구세주인 양 반긴다. 같은 아파트에 살고 있으니 아내가 가끔 별식을 차려 동서네 문을 두드린다. 그럴 때마다 아내를 구세주인 양 반긴다. 그런 큰동서의 신세가 안타깝기 이를 데 없다.
　동서는 몇 해 전에 처형을 먼저 보내고 홀아비가 되었다. 홀로 된 팔십대의 남자가 좋아 보일 리 있을까마는 동서의 경우는 여느 홀아비와는 또 다르다. 그는 슬하에 아들만 두었기 때문이다.
　만약 동서에게 딸이 있었더라면 그나마 아버지를 요모조모 살뜰히 챙기리라. 물론 살림을 내어 놓은 며느리들도 잘하고는 있지만 어디 딸만이야 하겠는가. 아내나 딸처럼 곡진히 받들 사람이 없어 더 안 되어 보인다.

　남자가 혼자되면 불편한 게 하나둘이 아니리라. 이것저것 문제가 불거지지만 가장 난감한 것이 삼시 세끼 해결하는 일이다. 처형이 가고 나자 동서도 처음엔 냉장고에 넣어두었던 것을 레인지에 데워서 해결을 했다. 그것도 오랫동안 훈련을 거친 후였다. 따뜻한 밥 자시다가 그것이 어디 입에 맞겠는가.

　그나마 다리에 힘이 있을 때엔 하루 한 끼 정도는 외식을 했다. 그러나 힘이 쇠하니 이제 그마저 할 수 없게 되었다. 당신께서 자시고 싶은 것 직접 해보면 될 것을 젊어서부터 부엌에 한 번도 들어가지 않았으니 엄두조차 내지 못한다. 그렇다면 가사도우미에게라도 자시고 싶은 것 요구라도 하면 좋으련만 돈이 아까워 그마저 하지 않으니 문제다.

　이 문제가 어찌 동서만의 일이겠는가. 모임에 가면 친구들의 사정도 별반 다르지 않다. 아내가 어디 다니러 가거나 탈이라도 나면 스스로 끼니를 해결할 수 있는 친구는 거의 없다. 어떤 친구는 냉장고에 있는 것도 꺼내 먹지 않는다고 한다. 그마나 밥이라도 데워 먹고 라면이라도 끓여 먹으면 다행이다. 이런 형편이니 밥 짓는 것을 어찌 바라겠는가.

　남자들은 왜 자기가 먹는 밥 하나 해결하지 못할까. 그보다 훨씬 어려운 일도 지금껏 척척 해왔는데 말이다. 못할 까닭이 없지 않은가. 먹을 것을 차려주는 것은 세상에 오직 우리 인간

밖에 없다. 어떤 동물도 암컷이 수컷의 먹이를 차려주는 것은 보지 못했다. 그런데 만물의 영장이라 하는 우리 인간만이 아내가 차려 주어야만 먹고 있으니 희한한 일이 아닐 수 없다.

 남자들이 밥을 짓지 못하게도 되어 있다. 어렸을 적부터 가부장적인 아버지를 보고 자란 때문이리라. 부엌에 들어가는 것을 금기시 했던 풍습이 남자들을 이 지경으로 만들어 놓았다. 오죽하면 남자가 부엌에 들어가면 무엇이 떨어진다고 했을까.

 세간에는 영식님, 일식씨, 이식군, 삼식놈이라는 유행어가 나돌고 있다. 아내가 하루에 몇 끼를 차려주느냐에 따라 이렇게 별호가 달라진다고 한다. 오죽했으면 이런 유행어까지 생겨났을까.

 밥 짓는 게 뭐 그리 대단하다고 유세를 부리냐며 화를 내는 남자도 있다. 하지만 수십 년을 한결같이 밥을 한다면 실증도 날 만하다. 옛 여인들이야 일찌감치 며느리를 보았다. 빠르면 40에, 늦다 해도 50에는 부지깽이와 밥주걱을 며느리에게 넘겨주었다. 그런데 요즘은 만혼에다 살림까지 내놓다보니 끝도 없이 남편의 수발을 들어야 하니 종신근무가 되는 셈이다. 그러니 밥 짓는 것이 지긋지긋할 수밖에 없다.

 남자들도 그렇지 않던가. 직장에 수십 년 근무를 하게 되면 그만두고 싶은 마음이 굴뚝같다. 그 지긋지긋한 직장의 일도 정년이 되어 퇴직하게 되면 끝이 나고야 만다. 그런데 아내들의 상차림은 끝이 나질 않는다. 그네들도 남자들처럼 지긋지긋한 삼시 세끼에서 탈출하고픈 마음이 없을 수가 없다.

아내들 속사정이 그러하니 눈칫밥 먹지 않으려면 남자들도 하나둘 배워두어야 하겠다. 어느 책에서 보니 남자가 삼 밥, 삼 국, 삼 찬은 할 줄 알아야 홀로서기가 된다고 되어 있었다. 그것은 마치 아무것도 할 줄 몰라 직수굿이 앉아 있는 동서에게 하는 말 같았다.

나도 차려주는 밥상만 받았지만 어깨너머로 보아둔 것이 있어 겨우 밥은 할 줄 안다. 그러나 국을 끓이거나 찬을 만들어 본적은 없다. 이제부터라도 하나하나 해보아야겠다. 학원까지 갈 필요야 없지 싶다. 어지간한 것은 인터넷에 검색을 해보면 해결되리라. 이렇게라도 할 수 있으니 얼마나 좋은 세상인가. 처음엔 새삼스럽고 쑥스럽고, 맛도 낼 수 없을 게 뻔하다. 그러나 자꾸 하다 보면 솜씨가 늘 것은 틀림없다.

사람의 일이란 한 치 앞을 모른다. 동서처럼 불편하고 안쓰러운 노후를 맞이하지 않기 위해서는 미리 미리 배워 두어야 겠다. 또 아내로부터 씨, 군, 놈이란 상스런 소리를 들으며 어찌 살겠는가. 최소한 하루 한 번만이라도 밥을 지어 그럴듯한 별호를 얻는 것도 좋을 듯싶다.

성벽城壁을 쌓으며

오늘도 글을 올린다. 인터넷 블로그에 수필을 게시한다. 매일 수필 한 편을 올리는 것이 습관이 되었다. 마음만 먹으면 하루에 백 편도 올릴 수 있다. 하지만 매일 한 편만을 올리는 것을 전통으로 삼고 있다. 이 글을 쓰는 지금 삼천여 편을 올렸으니 거의 십 년째 이러고 있는 셈이다.

처음엔 매일 글을 올리지 않았다. 블로그만 개설해 놓고 개점휴업 상태였다. 가끔 생각이 나면 올렸으니 일주일에 한 편을 올린 적도 있었다. 이처럼 매일 본격적으로 올리게 된 것은 6년 전부터이다.

6년 전, 그날은 권위 있는 문학상 시상식이 있었다. 문학상이란 작품이 뛰어난 분에게 수여가 된다. 그날 수상하신 분의 표정이 너무나 인상적이었다. 연세가 있으신 분이었는데 세상을 다 가지신 듯한 표정을 짓고 계셨다. 우리가 열정을 불사르며 문학을 하는 것은 바로 저런 것을 맛보기 위함이구나 싶었다. 돌아오는 길에 문학에 대하여 다시 생각해 보게 되었다.

 문학은 글을 쓰는 그 자체를 즐기는 분들도 있지만, 좋은 글을 써서 세상에 이름을 떨치기도 하고, 어떤 분들은 세력을 만들어 막강한 권력을 가지기도 하고, 어떤 분은 사업으로 발전시켜 성공하기도 한다는 것을 알게 되었다. 그런 분들이 부러웠다. 무언가를 성취한 그분들은 난공불락의 성城을 가지신 듯 보였다. 물론 재주나 능력이 남달라야 하고 부단한 노력 없이는 불가능한 일이리라.

 그런 것들을 생각하니 스르르 힘이 빠졌다. 지금껏 수필에 매달려 왔지만 논두렁 같은 축대 하나도 세울 수 없음을 깨달았기 때문이다. 재주가 없어 좋은 글도 쓰기도 어렵고, 능력이 없어 사람들을 불러 모을 수도 없고, 수완이 없어 사업을 도모할 수도 없는 처지이다. 그러면 나 같은 사람은 무엇을 할 것인가. 그저 되지도 않은 글이나 긁적거리다 가야만 한다는 생각이 들자 두 다리에 힘이 주욱 빠졌다.

 오랜 생각 끝에 블로그가 떠올랐다. 인터넷에 글을 올리는 것이니 내 적성과 능력에 딱 맞아 떨어지는 일이었다. 그저 끈기 하나로 블로그나 하는 것이 내게 가장 잘 어울린다고 생각되었다. 수필을 좋아하니 뭇 수필가들의 좋은 글을 올려 많은 이들에게 알리는 일이나 해보자. 나름 의미도 있고 보람도 있으리라. 이것으로는 상을 받고, 권력을 쥐고, 돈을 쥘 수는 없지만 수필을 알리는 순수한 일이니 의미도 보람도 있을 것이다. 그것 또한 조그마한 성을 쌓는 일이라고 생각되었다.

성城이란 외부의 침입을 막기 위해 단단한 돌로 높게 벽을 쌓아 올린 것을 말한다. 인생도 성을 쌓는 일과 같지 않을까. 우리는 평생을 바쳐 무언가를 이루려고 끊임없이 힘을 쏟는다. 그래서 성을 쌓는 일과 무척 닮아 보인다.

누구는 튼튼하고 높은 성을 쌓기도 하고, 누구는 돌 하나 놓지 못한 채 저세상으로 가기도 한다. 높게 성을 쌓은 사람은 느긋하게 눈을 감을 수 있고, 세월이 지나도 사람들이 그를 기억한다. 그러나 성을 쌓지 못한 사람은 눈도 쉬 감을 수 없을뿐더러, 아무도 그를 기억하지 못한다.

나는 명성을 떨치는 그분들처럼 높게 성을 쌓지는 못할 것 같다. 그러나 나지막하나마 작은 성 하나 갖고 싶다. 비록 작은 성이나마 그 안에 머물게 되면 우울이나 불안, 소외감이나 의기소침 같은 못된 놈들이 감히 나를 농락할 수는 없을 것 같아서이다.

그런데 성을 쌓는 일이 어디 쉬운 일인가. 매일 글 한 편을 올리는 것도 쉬운 일이 아니었다. 잡지나 보내온 책을 보며 타이핑을 해야 하므로 많은 시간을 할애해야 했다. 여행을 가거나 바쁜 일이 생기는 것에 대비하여 미리 준비도 해야 함으로 컴퓨터 앞에 줄곧 앉아 있어야 했다. 그래도 다른 계절엔 그나마 할만 했는데 염천엔 정말이지 엉덩이에 진물이 날 정도였다. 그렇지만 해야만 했다. 무엇 때문에 이 짓을 하나 하는 회의가 한두 번 일었던 게 아니다. 그럴 때마다 능력도 없으면서 그것마저 하지 않으면 어쩔 것이냐며 스스로를 채찍질했다.

초창기엔 방문자가 그다지 많지 않았다. 계시된 작품이 어느 정도가 되자 점점 방문자가 늘어났다. 지금은 많은 분들이 내 작은 성을 다녀가신다. 때로는 성에서 좋은 것을 얻어간다며 인사를 듣기도 한다. 나는 그것으로 위안을 삼는다.

오늘도 성벽에 튼실한 돌 하나를 올려놓는다.

빠르되 지나치지 않게

 귀가 욱신거렸다. 병원을 다닌 끝에 가라앉았다. 다 나았겠지 싶어 술을 마셨다. 이게 웬걸, 다시 욱신거렸다. 내 판단이 성급했던 모양이다. 다시 병원을 들락거렸다. 오랫동안 치료를 했지만 머리와 안면의 통증은 가라앉지 않았다. 의사는 고개를 갸웃거리며, 귓속은 이상이 없다고 했다. 그 말에 덜컥 겁이 났다.

 혹시나 뇌혈관에 이상이 있는 건 아닌지. 입이 돌아간다는 구안와사는 아닌지…. 며칠간 밤잠을 설친 나머지 적지 않은 돈을 들여 사진촬영을 했다. 다행히 이상은 없었다. 그런데 이상하게도 사진촬영을 한 다음 날, 점차 증상이 사라졌다. 서두르지 말고 하루만 더 참았더라면….

 악기 연주법에 '알레그로 마 논 트로포'라는 용어가 있다. 빠르되 지나치지 않게 라는 뜻이다. 라흐마니노프의 〈피아노협주곡 3번 1악장〉이 알레그로 마논 트로포 연주다. 영화 〈샤인〉에 삽입되었던 음악으로, 신들린 듯 피아노를 치던 장면이 강렬하게 와닿았다.

파가니니의 〈카프리스〉도 역시 알레그로 마논 트로포 연주다. 16분 음표들을 끊임없이 연주해야 한다. 그래서 연주자들은 바짝 긴장을 하는 곡이다. 하지만 듣는 이에게는 그만큼 손에 땀을 쥐게 하는 긴장감과 즐거움을 주는 곡이기도 하다.

이처럼 빠른 음악은 가슴을 뛰게 하고, 신명을 나게 하고, 속을 후련하게도 한다. 그래서일까, 음악뿐 아니라 모든 것이 빨라지고 있다. 대중음악이 빨라진 것은 가히 타의 추종을 불허한다. 나이가 지긋한 이는 아예 가사를 알아듣지 못할 지경에 이르렀다. 이처럼 현대에 와서는 빠른 것이 미덕이 되고 있는 실정이다.

과학의 발전도 빠르게 진행되고 있다. 생명과학의 전진, IT 기술의 발달, 인공지능의 질주, 휴대전화의 변신, 자동차 기능의 발전, 가전제품들의 진화를 보면 혀가 내둘린다. 세상은 하룻밤 사이에 또 어떻게 변할지 모른다.

사회도 빠른 속도로 변해가고 있다. 환경 파괴로 인한 기후 변화는 빠른 속도로 우리를 위협한다. 십대들의 일탈도 무섭게 질주하고 있다. 노령화사회로 치닫는 속도도 그러하고, 툭

하면 헤어지는 이혼율도 세계 일등을 향해 달린다.

　우리는 이처럼 빠르게 변해 가는 세상에 던져진 것이다. 그러니 시간을 조여 가며 사는 것이나 진배없다. 아니, 우리 스스로 시간을 조여 가며 살고 있는 것은 아닌지 모를 일이다. 여유라곤 조금도 찾아 볼 수 없는 모습들이 그것을 증명하고 있지 않는가.

　시간을 조이는 것은 사거리의 신호등 앞에서 극명하게 드러난다. 파란 신호가 바뀌기 바쁘게 뒤에 서 있는 차는 경적을 울린다. 어떤 차는 응급환자를 실은 듯 차선을 넘나든다. 횡단보도에서는 또 어떤가. 파란 불로 바뀌기가 바쁘게 단거리 선수인 양 튀어 나간다.

　전철이나 버스에서도 시간을 조이고 있다. 탑승한 승객들이 다 내린 후에 타야 하건만 채 내리기도 전에 비집고 들어가는 게 예사다. 에스컬레이터에서도 가만히 서 있지 못하고 뛰어서 오르내린다. 엘리베이터에서는 또 어떤가. 문이 자동으로 닫히는 단 몇 초를 기다리지 못하고 어김없이 버튼을 누른다.

　TV를 볼 때도 마찬가지다. 진행이 조금이라도 지루하면 채널을 돌려 버린다. 그래서 텔레비전 제작진들은 더 빠른 걸 원하는 시청자들을 위해 고군분투할 수밖에 없다. 광고 영상 제작자들은 더 치열하다. 그들은 눈 깜빡하는 시간을 몇 등분으로 쪼개는 지경에 이르렀다.

스포츠는 어떤가. 축구는 빠른 진행을 위해 볼을 이리저리 돌리는 선수에게 가차 없이 휘슬을 불어댄다. 야구도, 선수가 볼을 무한정 가지고 있을 수 없게 룰을 바꾸었다. 양궁도 시위를 당기는 시간을 좁혀 나가고 있는 중이다.

시간을 그토록 조이며 아껴 썼으니 우리에겐 많은 시간이 남아 있어야 한다. 그런데 우리는 시간이 없어 여전히 허둥대기만 할 뿐이다. 아껴 쓴 만큼 생겨난 그 시간들은 다 어디로 간 것일까? 그 시간들은 어느 곳에도 존재하지 않는다.

그런데 그토록 쥐어짜듯 쓰는 시간을 한편에서는 질질 끌고 있으니 실로 아이러니가 아닐 수 없다. 합리적이지 않은 관습을 버리지 못하고 있다. 자신의 잘못을 빨리 사과하지도 않는다. 가슴에 엉긴 앙금을 말끔히 털어내지 못한다. 고맙다는 말도 미루고만 있다.

느린 것은 빨라져야 한다. 그 빠름 때문에 나라가 이토록 발전하게 되었다. 그러나 지나치게 빠른 것은 좋지 않다. 때로는 한 템포 늦추어야 한다. 아무리 급한 일도 하늘 한번 보고 대응한들 늦지 않다.

빠르되 지나치지 않아야 한다. 필부필부의 일도 그러하겠지만, 백년대계를 내다보아야 하는 나랏일은 더더욱 그러할 것이다. 제발, 지나치지 않게….

삼류三流 수필가

"기업은 일류, 국가는 삼류!"라는 말이 있었다. 어느 그룹의 총수께서 했던 말이 나라를 떠들썩하게 했었다. 정부가 하는 일이 오죽했으면 그런 말이 나왔을까.

이처럼 어떤 일이나 대상에 등급을 부여할 때 일류, 이류, 삼류, 이렇게 세 등분을 하곤 한다. 그러니 삼류란 최저 등급인 셈이다. 말하자면 낙제점을 받을 만큼 형편없다는 뜻이다.

정치나 기업만 등급이 있을까. 학교도, 인생도 마찬가지다. 그렇다면 우리가 하는 문학은 어떤가. 당연히 등급이 있다. 문학성이 짙어, 감동, 깨달음, 재미가 있으면 일류가 되고, 조금 부족하면 이류가 되고, 이도 저도 아니면 삼류가 되고 만다.

그렇다면 문학의 장르는 또 어떤가. 시와 소설이 일류이고 수필은 삼류 문학으로 취급받는다. 상상에 의한 창조물이 아니라는 이유 때문이다. 시, 소설을 고급의 문학으로 인정은 하겠으나 수필이 삼류로 취급받는 것은 야멸치고 가혹하다 하지 않을 수 없다.

　수필도 사실을 써야 한다는 전제가 발목을 잡지만 나름의 상상을 가하여 문학성을 얻을 수 있다. 그런데도 고민하지 않는 소수의 수필가가 문제이고, 함량 미달의 작가를 마구잡이로 등단을 시키는 제도 또한 문제라 아니할 수 없다.

　수필인들이 각성하고 개선을 해야 하겠으나, 그러면 모든 수필이 다 삼류인가? 분명 그렇지는 않다. 문학성이 뛰어난 수필도 수없이 많다. 그렇다면 장르가 문제가 아니라 문학성을 얻지 못한 삼류 수필이 있을 뿐이다.

　그러면 일류라 자처하는 시나 소설은 삼류 작품이 없는가? 헤아릴 수도 없이 많을 것 같다. 그 의미는 시인이나 소설가도 삼류 작가들이 부지기수라는 이야기가 된다. 그렇다면 분명 짚고 넘어가야 한다. 시나 소설이 삼류가 되었을 때는 어떻게 되는가. 그야말로 아무것도 아니지 않은가. 허구로만 엮어지고 문학성도 없는 그것은 그저 허접스러운 쓰레기에 불과하다.

　하지만 수필을 보자. 수필은 자신의 체험을 쓰는 것이기에 비록 문학성이 없다 하더라도 자신의 삶이 녹아 있게 마련이다. 그렇다면 그것은 글쓴이의 역사가 된다. 수필은 비록 문학성이 부족하더라도 후대에 전할 수 있는 가치를 지니고 있다.

그러니 수필이 결코 허접스러운 문학이 아니라고 말할 수 있다.

  내가 수필을 쓰는 것은 바로 이런 장점 때문이다. 머리가 맑은 날까지 좋은 수필을 쓰기 위해 정진할 것이다. 그러나 문학성을 얻지 못해 삼류 수필가에 머물지도 모른다. 그럴지언정 조금도 걱정하지 않는다. 왜냐, 삼류 시인, 소설가보다 훨씬 낫기 때문이다.

양면성에 대하여

깜짝 놀랐다. 그 불상은 처음이었다. 이제껏 팔공산의 염불암을 다녔지만 오늘에야 그 불상을 보게 되었다.

염불암 법당 뒤의 계단에 올라서면 정면에 집채만 한 바위가 우뚝 서 있다. 그 바위에는 부처님이 앉아 계신다. 웅장하기 그지없는 그 불상은 돋을새김의 관세음보살상이다. 염불암 코스로 산행을 갈 때마다 그 불상에 예를 드리고는 했다.

오늘은 일행보다 먼저 염불암에 올라갔다. 이곳에 처음 오는 분들께 법당 뒤의 불상을 보여주기 위해서다. 불상에 예를 드리고 옆으로 비켜서는 순간 깜짝 놀랐다. 바로 바위 옆면에 또 한 분의 부처님이 계시지 않은가. 이제껏 보지 못했던 오목새김의 아미타불이었다. 놀라운 것은 조각의 선을 따라 옴폭 파진 곳에 눈이 쌓여 아미타불의 실루엣이 선명하게 드러났다.

그 모습이 너무나 경이로워 온몸에 전율이 일었다.

문학회에서는 매월 한 번 등산을 간다. 금년에는 근교의 암자 순례를 계획했는데, 오늘은 염불암 차례였다. 주차장에 내리니 주위가 온통 눈으로 덮여 있었다. 대열을 갖춘 후 눈이 덮인 산을 올랐다. 눈이 덮이고 굴곡진 산길이라 몹시 미끄러웠다. 모두 조심조심 발을 내디뎠다.

오르막을 오를 때는 눈길이라도 그다지 위험하지는 않다. 무게 중심이 발 앞에 있기 때문에 미끄러져도 뒤로 조금 물러날 뿐이다. 그런데 내리막에서는 위험하기 짝이 없었다. 미끄러져 계곡으로 떨어지면 몸을 크게 다치니 여간 조심스러운 게 아니다.

눈은 이처럼 위험하다. 그런데도 우리에게 눈은 참 포근하게 인식되어 있다. 하얀 백색이 온 누리를 덮다 보니 순백의 순수가 느껴져 마음이 포근하게 가라앉기 때문이다. 눈은 이처럼 위험과 안정의 양면성을 가졌다.

그러고 보면 이렇게 힘들게 산을 오르는 것도 양면성이 있다. 산을 오를 때엔 무척 힘이 든다. 숨이 차고 다리가 무거워 그만 두고 싶은 마음이 저 아래서부터 샘 솟는다. 그러나 그것을 참아내고 정상에 오르면 더없이 뿌듯하지 않던가.

아니나 다를까. 뒤늦게 도착한 문우들이 아미타불을 보고 탄성을 질렀다. 바위에 선명하게 드러난 실루엣을 본 것이다.

하나의 바위에 두 불상을 새긴 것에도 의미 깊다며 감탄을 했다. 관세음보살은 현세의 고통을, 아미타불은 내세의 고통을 구원해 준다고 했다. 현세의 안락만을 위해 아등바등 살아가는 우리들에게 큰 가르침을 주기 위한 것이리라. 염불암에서 현세와 내세가 공존한다는 것을 보았다.

 돌아오는 길은 힘이 들지 않아 이야기들이 많았다. 자연, 현 정국에 대한 이야기가 나왔다. 시국이 이처럼 시끄러운 때도 없는 것 같다. 대통령을 탄핵하는 마당이니 시끄럽지 않을 수 없다. 권력의 정점에 있던 분들이 영어의 몸이 되고 있다. 실로 권력의 무상함을 본다. 권력이란 것도 이처럼 양면성을 가졌다. 그것을 가졌을 때엔 무소불위의 힘을 가진다. 그러나 잘못되면 그보다 초라해지는 게 또 있을까.

 이처럼 우리는 양면성 속에 살고 있는 것이나 마찬가지다. 삶과 죽음, 선과 악, 희망과 절망, 낮과 밤 같은 수많은 양면성과 맞닥뜨리며 살아왔다. 이런 양면성이야 그런대로 간파하기가 쉬웠다. 그러나 사람의 양면성을 파악하기란 쉽지가 않다. 자신의 본래 모습을 숨긴 채 다가오기 때문이다. 탈을 쓰고 다가와 본래의 모습을 드러낼 때는 당황하지 않을 수가 없다.

 세상에는 〈지킬 박사와 하이드〉 같은 사람들이 참으로 많다. 그들이 매일 뉴스를 장식하고 있다. 돈 때문에, 권력 때문에, 출세를 위하여, 사랑을 얻으려 가면을 쓰고 접근하여 마침

내 일을 저지른다. 사정이 이러니 그들에게 당하는 이가 하나 둘이 아니다. 낭패를 당하지 않으려면 상대의 속을 깊이깊이 들여다볼 밖에는 다른 방법이 없다. 그런데 그게 어디 쉬운 일이던가. 극에 달한 양면성은 하늘까지 속고 있으니….

고집과 신념信念

 영화 〈지상에서 영원으로〉를 다시 본다. 고등학생 때 보았지만 꼭 다시 보고 싶었다. 아카데미상을 휩쓴 명작이기도 하지만, 사춘기 소년에게 긴 여운을 준 것이 무엇이었는지를 알아보고 싶었기 때문이다.

 프루잇(몽고메리 크리프트)이라는 군인이 하와이에 주둔하는 한 부대로 전출을 오게 된다. 그는 권투선수였지만 시합 중 동료의 눈을 멀게 한 심적 고통 때문에 권투를 하지 않으려 한다. 그러나 전출되어 온 이 부대의 최고 상급자인 대대장은 부대별 권투 시합을 우승으로 이끌어 승진을 꿈꾼다. 자연, 프루잇에게 권투를 강요하고 가혹 행위를 일삼는다.
 한편, 프루잇과 친구가 된 마지오(프랑크 시나트라)는 부대를 무단이탈한 죄로 감방에 간다. 감방에는 그와 술집에서 다툼을 벌였던 포악한 헌병이 도사리고 있다. 그는 감방에 갇혀서까지 헌병과 끝까지 맞서다 구타를 당하여 숨을 거둔다.

대대장의 부관인 상사 또한 장교가 되면 결혼하겠다는 여인의 제의를 받는다. 장교는 자신의 체질에 맞지 않는다며 고집을 부리다 끝내 여인을 떠나보내게 된다. 등장하는 인물 모두가 고집불통들이었다.

이상한 일이다. 영화를 처음 본 고등학생 때는 가혹 행위를 참고 견디는 프루잇의 표정, 숨진 친구를 위해 트럼펫으로 장송곡을 불어주던 장면이 인상적이었다. 그런데 오늘은 다른 점들이 눈에 띄었다.

모두가 고집을 부리는 캐릭터들만 모아놓은 듯이 보였다. 다시는 권투를 하지 않겠다는 프루잇도 그러하고, 끝까지 권투를 시키고자 하는 대대장의 고집도 대단하다. 프루잇의 친구 마지오 또한 고집스럽게 헌병과 맞서다 숨을 거두었다.

고집은 영화 첫 머리의, 프루잇이 전입신고를 하는 장면에서부터 조짐이 보였다. 대대장이 권투를 종용하지만 프루잇은 단호하게 거절한다. 그것을 지켜보던 상사가 왜 고집을 부리느냐고 핀잔을 주자 푸르잇이 대꾸를 한다.

"신념이 없는 사내는 시체일 뿐이죠." 그 대사가 가슴에 확 와 닿았다.

얼마 전, 문인들의 행사 뒤풀이에서였다. 취기가 무르익자 토론이 벌어졌다. 숱한 이야기가 오고가던 중, 다른 장르의 원로 한 분이 내 글에 관한 이야기를 꺼내었다. 인사치레의 성찬이 차려지더니 기류는 차츰 좋지 않은 쪽으로 기울었다.

작가 스스로 느끼지 못하는 점을 짚어 주는 것은 정말 감사한 일이다. 그러나 수긍할 수 없는 부분도 없지는 않았다. 감사하다는 말과 함께 어쩔 수 없었노라 변명을 했다. 어설픈 변명이어서 그런지 나의 소리는 그분의 귓전에 닿지 않았다. 계속되는 그분의 맵찬 어투는 내게 무안을 주기 위함인가 하는 의구심마저 들게 했다. 부끄럽기도 하고 기분이 몹시 상했다.

아, 나는 왜 이토록 자신을 모르고 있었던 걸까. 내 문학적 감각은 왜 이리도 둔한 것일까. 나는 왜 번쩍이는 장점 하나 갖지 못했을까. 제대로 반박하지 못한 내 스스로가 초라하고 미웠다. 끓어오르는 분을 삭이며 터덜터덜 집으로 돌아왔었다.

그래서일까. 프루잇의 '신념이 없는 사내는 시체일 뿐'이라는 그 대사가 마치 내게 하는 말처럼 느껴진다. 독하게 마음먹고 하던 대로 나아가라는 것 같이 들린다. 그 때문일까, 화면에 가일층 몰입이 된다.

영화는 마지막으로 치닫는다. 프루잇은 친구 마지오를 죽인 헌병을 격투 끝에 살해하지만, 그도 큰 부상을 입고 도망을 간다. 탈영을 한 것이다. 애인의 집에서 회복을 기다리는 중 일본이 침공했다는 라디오 방송을 듣는다. 전쟁이 나면 군인은 모두 부대로 돌아가야 한다.

깊은 밤, 상처가 아물지 않은 상태라며 극구 만류하는 애인의 손을 뿌리치고 그는 담을 넘어 부대로 들어간다. 그러나 일본군으로 오해한 초병의 총탄에 쓰러진다. 그는 왜 다 죽어가는 몸으로 부대로 복귀하는 고집을 부렸을까. 그 고집에 의해 꽃 같은 청춘의 막은 내리고, 영화도 끝이 난다.

영화관을 나오며 프루잇의 행동은 신념일까 고집일까를 되뇌어 본다. 영화를 보는 내내 고집으로 보였는데 프루잇은 신념이라고 했다. 과연 신념과 고집은 어떤 차이가 있을까. 고집이나 신념은 일을 성사시키는 측면에선 별반 다를 것이 없는 듯하다. 그러나 반사적이고 맹목적인 사고는 고집이고, 합리적이고 과학적인 사고는 신념이라 생각된다.

그렇다면 프루잇은 어느 쪽일까. 그렇게도 괴롭힘을 당하면서도 권투에 응하지 않았고, 자신의 몸 상태도 생각지 않았고 맹목적으로 부대로 향했으니 고집임에 틀림없다.

나 또한 그분의 평을 반사적으로 서운하게 받아들였으니 고집임에 틀림없다. 그렇다면 나도 프루잇처럼 허망하게 쓰러질지도 모른다. 아— 갑자기 현기증이 인다.

역전驛前 개구리

 "성당 개 삼 년에 주기도문 외운다!"라고 한다. 그 말이 나오자 모두가 한바탕 웃는다. 모임의 뒤풀이에서 한 문우가 '서당 개 삼 년….'이라는 말을 하자 누군가가 그렇게 패러디하였다. 성당 개 삼 년이면 과연 주기도문을 외울 수 있을까.
 가구 공장을 한 적이 있다. 사업에 실패한 후 어렵사리 시작한 것이어서 여간 조심스러운 것이 아니었다. 더구나 가구에 대한 아무런 지식이 없어서 그야말로 살얼음판을 걷은 기분이었다. 처남이 하는 가구공장을 들락거리며 힐끗거린 것이 전부였으니 그럴 수밖에 없었다.
 그나마 엄두를 낸 것은 처남의 권유와 전폭적인 지원이 있었기 때문이다. 만들어야 할 모델도 자신이 하던 것을 넘겨주었고, 그 일을 하던 종업원도 네 명이나 보내 주었다. 그러니 땅 짚고 헤엄치기가 아닌가. 기계를 제 자리에 앉히고 재료를 들여놓았다.

첫 조업을 하던 날, 종업원 모두 멍한 표정만 짓고 손을 놓고 있었다. 가구 제조의 첫 작업은 합판을 재단하는 일인데 잘라야 하는 치수를 모른다는 것이다. 자신들은 반장들이 지시하는 대로만 작업을 했을 뿐이라고 했다. 그러고 보니 네 명 모두 숙련공이 아닌 보조원들이었고 도장공塗裝工 한 명만 외부에서 온 숙련공이었다. 모르기는 나도 마찬가지가 아닌가. 큰일이었다.

궁리를 했으나 뾰족한 수는 없었다. 처남에게 일일이 알려 달라고 할 수도 없을뿐더러 그도 치수를 기억하고 있을 리 없다. 손에 쥐어 주어도 먹지 못하는 바보라고 핀잔만 들을 것이 뻔했다. 고심하던 중에 해결책이 떠올랐다. 샘플을 분해하여 도면圖面을 만드는 것이었다.

그런 묘안이 떠오른 것은 공업학교 시절의 제도製圖가 떠올랐기 때문이리라. 그렇지만 도면도 그릴 자신이 없었다. 친구들은 과제를 수행코자 열심히 제도를 했건만 나는 딴짓을 하느라 제대로 도면 한 장을 그리지 않았기 때문이다. 그러나 3년 동안 곁눈으로나마 본 것이 있어서 어쩌면 할 수 있을 것 같기도 했다.

샘플을 싣고 집으로 오며 제도할 도구가 없다는 것이 생각났다. 다시 고민에 빠졌다. 궁즉통窮卽通이라 했던가. 초등학생 때 쓰던 모눈종이가 문득 떠올랐다. 집 근처의 문구점에서 한 뭉치를 샀다.

저녁상을 물린 뒤, 건너 방 벽에 모눈종이 여러 장을 이어서 붙이니 커다란 제도판이 되었다. 해체한 부품들을 일일이 자로 재어 그곳에 그려 넣었다. 샘플과 꼭 같은 일대일의 그럴 듯한 도면이 완성되었다. 회심의 미소를 지었다. 그러나 그것은 필요한 도면이 아니었다. 그 도면은 완성품일 때의 치수이고 그렇게 만들기 위해서는 다듬기 이전의 여분의 치수가 더 있는 것이어야 했다.

다시 그 치수를 계산한 도면을 한 장 더 그렸다. 이제는 다 되었나 했더니 부품들이 서로 맞물려 조립이 되도록 홈이나 구멍 뚫는 곳도 밝혀 두어야 했다. 그것들을 다 그리니 창밖이 희붐하게 밝아 왔다.

다음 날, 종업원들에게 그 도면들을 건네주었다. 일이 잘 풀리려니 했다. 그러나 그들은 머뭇거리기만 했다. 내가 책임진다고 하자 마지못해 자르기 시작했다.

그때 만든 물건은 TV를 얹는 받침대였는데 하나하나 분해되는 조립식 가구였다. 그러므로 각 부품들을 만들어 마지막에 조립을 해야 하는 물건이기에 치수가 중요했다. 어느 부품 하나가 잘못 되기라도 하면 조립이 되지 않으니 몽땅 버려야 하는 제품이었다.

합판 자르기로 시작하여 한 달이 지나, 드디어 모든 부품이 완성되어 조립에 들어갔다. 입학시험을 쳐 놓고 발표를 기다리는 마음이었다. 만약 치수가 맞지 않아 조립이 되지 않는다면 어떻게 하나. 쏟아 부은 재료비나 인건비가 장난이 아니다. 재기의 발판마저 무너지면 그야말로 마지막이라는 생각에 간이 오그라들었다.

조립은 의외로 착착 잘 맞아 들어갔다. 하나도 틀리지 않아 조립 시간도 오히려 예전보다 빠르다고 했다. 나도 감격했고, 종업원들도 환호를 했다. 기분이 좋아 회식을 하지 않을 수 없었다. 술을 한잔하자, 종업원들은 시키는 대로 일을 했지만 실은 조마조마했다며 그제야 솔직한 심정을 토로했다.

그들은 퇴근 후, 자기네들끼리 대폿집에 모여 걱정을 많이 했다고 했다. 아이들이나 쓰는 모눈종이를 주며 물건을 만들라고 하니 틀림없이 옳은 물건이 나오지 않을 것이라며 이구동성으로 열을 올렸던 모양이었다.

그도 그럴 것이 그들 중 한 사람이 유사한 공장에 근무를 했었다. 그 공장에서도 첫 제품이 조립되지 않아 큰 낭패를 보았던 모양이다. 그쪽 사장은 가구공장에서 잔뼈가 굵어 공장장까지 했던 사람인데, 하물며 생판 경험도 없는 우리 사장이야 말해 무엇하겠는가. 한방에 나가떨어질 것이라 했단다.

그런 걱정과는 달리 이렇게 아무 탈 없이 완성이 되었다. 기분 좋게 취해서 집으로 돌아오는 길에 학창시절이 떠올랐다. 제도 시간에 도면 한 번 그리지 않고 곁눈으로 보았지만 그것도 무시할 수 없다는 생각이 들었다. 무엇이든 알아두면 언젠가 쓰인다는 어른들 말씀도 정녕 옳은 말씀이었다.

'성당 개 삼 년….'이라 하여 웃는 중에, 또 다른 문우가 얼른 되받았다.
"역전 개구리 삼 년이면 기적을 울린다!" 하여 한바탕 배꼽을 잡는다. 모눈종이에 도면을 그렸던 그 일이 바로 그 꼴이었기에 나도 박장대소를 한다.

2부

작은 벽돌의 의미
사다리 타기
무장해제武裝解除
목표는 길이다
감각에 기대어
국밥과 따로국밥
그러나, 아내는 괜찮다
48시간
윤 법사法事
어떤 고정관념固定觀念

작은 벽돌의 의미

 벽돌이 의외로 작았다. 그런 벽돌은 난생처음이었다. 멍하니 창밖의 플랫폼을 내다보다가 작은 벽돌을 발견했다. 주황색의 벽돌은 이상하리만치 작았다. 정확히 말하자면 두께가 얇았다. 그곳은 런던의 '세인트 판크라스 역((St Pancras railway station)'의 열차 안이었다.

 런던 여행을 마치고 파리로 가는 열차에 탑승하고 있었다. 열차가 출발하는 역이라 대기하는 시간이 길었다. 무료하여 물끄러미 창밖을 응시하다 플랫폼 사이를 가로막은 벽을 보게 되었다.

 벽을 쌓은 벽돌이 어른의 손가락 두께밖에 되지 않아 놀랐다. 벽돌을 왜 저렇게 얇게 만들었을까. 저 작은 벽돌이 예쁘긴 한데 탄탄하긴 할까. 궁금증은 꼬리에 꼬리를 물고 이어졌다.

이 나라는 산업혁명이 시작된 나라가 아니던가. 그런 나라가 이처럼 능률적이지 않은 구석이 있었던가 하는 생각이 들었다. 손가락 굵기의 벽돌은, 만드는 것도 그러하지만 쌓아 올리려면 사람의 손이 곱절이나 가야 한다. 그만큼 노임이 많이 드는 것은 말할 것도 없다.

요즈음 짓는 건물에는 벽돌을 보기가 어렵다. 벽돌의 몇 배의 크기나 되는 블록도 좀처럼 보기 힘들게 되었다. 아예 콘크리트를 부어 굳힌 후, 큼직큼직한 타일로 마감을 하는 추세다. 어떤 곳은 책상만 한 크기의 타일을 붙인다. 그것만인가. 벽면 전체를 하나의 패널로 마감하기도 한다.

벽돌의 두께는 그렇다 하고, 그것을 쌓은 방법도 감탄할 만했다. 그냥 밋밋하게 쌓은 것이 아니라 가장 아래 부분의 기단은 약간 돌출되게 쌓아 모양을 내었다. 조금 올라가서는 미색의 벽돌을 쌓아 주황색과 대비되어 길게 띠가 형성되게 쌓았다. 그 띠도 하나가 아니라 조금 위에 또 하나를 더해 두 개의 띠가 나란히 나타나고 있었다. 한껏 모양을 낸 모습이었다.

벽 한쪽에 붙어 있는 창고도 예사롭지가 않았다. 별로 중요하지도 않을 성싶은 창고가 아치형으로 되어 있었다. 벽돌은 물론이고, 문틀과 문까지 그렇게 아치형으로 꾸미려면 여간 공을 들이지 않고는 할 수 없다. 이 역은 1860년대에 지은 건물이 아닌가. 그 시절에 이렇게 작은 부분까지 신경을 쓴 그들의 미적 감각에 감탄하지 않을 수 없었다.

그들은 아름다움을 위해선 경제적 부담은 전혀 생각하지 않은 것 같았다. 벽돌은 기계로 만드니 그렇다 하더라도 작은 벽돌로 그렇게 쌓으려면 시간이 많이 걸리는 것은 말할 것도 없다. 그에 따라 엄청난 노임을 지불해야 한다. 그들은 그런 것쯤은 전혀 신경 쓸 일이 아니라고 말하는 듯했다.

그들이 작은 부분까지 노력을 기울인 것을 보며 대영 박물관을 가득 채운 유물들이 떠올랐다. 이집트 상형문자의 실마리를 풀게 해준 '로제타스톤'을 위시하여 〈목욕하는 비너스〉같은 조각, 도자기 등, 수만 점의 유물들이 그 넓은 박물관에 가득하여 보는 이들을 압도했다. 그리스, 이집트, 아프리카, 심지어 남미에 이르기까지 세계 곳곳에서 가져다 놓은 귀중한 보물들이었다.

그 보물들은 그냥 그대로 옮겨다 놓은 것은 아니다. 어떤 것들은 땅 속에 묻혀 있던 것, 어떤 것은 산산조각이 나서 흩어져 있었던 것들이었다. 이것이 저것인지 저것이 이것인지 분간키 어려운 것들도 있었다고 한다. 그것들을 가져와 하나하나 원상회복을 시켜 끼워 맞춘 것들이었다. 그것들을 모자이크처럼 끼워 맞추는 데 몇 십 년이 걸렸다고 하니 그 인내와 끈기에도 감탄하지 않을 수 없었다.

얼마 전, 유물의 주인인 그리스나 이집트에서 반환해 달라는 요구를 하자, 영국은 복원에 소요된 경비 전체를 물겠느냐고 응대했다고 한다.

  영국이 그처럼 엄청난 경비를 들여가며 가져다 놓을 수 있었던 것은 그만큼 부국이었기에 가능했으리라. 그런데, 부국이라고 다 그렇게 할 수도 없을 터이다. 안목이 없었다면 감히 엄두도 낼 수 없는 일이 아니겠는가. 그들은 이미 그 유물들의 미적 가치를 알고 있었던 것이다.

  런던역의 작은 벽돌을 보며 그들의 풍요로움과 미적 감각에 감탄과 경의를 표하지 않을 수 없었다.

사다리 타기

　바짝 긴장을 합니다. 할당되는 금액이 얼마가 될지 조마조마합니다. 그어놓은 선을 따라 올라가면 곧바로 내게 할당되는 금액이 밝혀지기 때문입니다. 가장 큰 금액에 당첨되더라도 얼마 되기야 하겠습니까. 그러나 스릴이 넘칩니다. 문우들과 빙수 내기 사다리 타기를 하는 중입니다.
　사다리 타기는 젊었을 적 많이 했습니다. 직장 동료들이나 친구들과 점심 내기와 술값 내기를 할 때, 많이도 한 놀이입니다. 한 사람에게 부담을 지우는 것보다 한결 가벼워지고 재미도 있습니다.
　사다리 타기는 백지 위에 마치 사다리처럼 선을 그어놓고, 맨 밑바닥엔 자신의 이름을 적습니다. 참가하는 사람 모두 이름 적기가 끝나면 한 사람씩 사다리를 타듯 선을 따라 지그재

그로 한 칸 한 칸 올라갑니다. 사다리를 다 올라가면 맨 위에는 할당된 금액이 적혀 있는데 그 전에는 아무도 그 금액을 알 수 없습니다. 그래서 희비가 엇갈리니 스릴이 있습니다. 그렇게 할당된 금액을 모두 거두어 그날 쓴 경비를 부담하는 놀이입니다. 탄성을 지르는 문우들을 보며 어렸을 적 우리 집의 사다리가 떠올랐습니다.

 큰비가 오거나 바람이 몹시 분 다음 날은 어김없이 지붕에 올라야 했습니다. 비가 새는 곳을 손보아야 했기 때문입니다. 지붕에 오르려면 사다리를 놓아야 했는데, 지붕에 닿을 만큼 키가 컸습니다. 각목으로 만든 사다리는 무척 무거웠습니다.

 요즘 사다리는 참 많이도 변했습니다. 길을 가다 간판을 설치하는 광경을 종종 봅니다. 그런 현장엔 어김없이 알루미늄인지 두랄루민인지 모르지만 사다리가 놓여 있습니다. 그 사다리 접이식이어서 펴면 키가 곱절이나 커집니다.

 예전엔 사다리가 크게 필요치 않았습니다. 저희 집처럼 지붕을 고칠 때나 높게 달린 과일을 딸 때나 필요했습니다. 그런데 요즘은 사다리가 많이도 필요하더군요. 예전에 비해 모든 것이 높아졌기 때문입니다. 건물은 물론이고 신분이나 계급도, 부자의 척도 또한 엄청나게 높아졌습니다. 그러니 사다리의 키 또한 그에 따라야 하겠지요. 오죽하면 하늘에 닿을 듯한 사다리차까지 나왔겠습니까.

세상에 높아진 것이 어디 하나둘이겠습니까. 어지간한 것도 사다리를 타지 않고는 아예 오를 수도 없게 되었습니다. 그래서 얼마나 많은 이들이 "사다리! 사다리!"라고 외치고 있는지 모릅니다. 부모라는 사다리는 물론이고, 혈연, 학연, 지연이라는 사다리를 목을 빼고 찾고 있습니다. 튼튼하고 높은 사다리를 만나면 높이, 더 높이 오를 수 있기 때문이지요.

문우들의 사다리 타기를 보며 문득 옛 어른들의 등루거제登樓去梯라는 말씀이 머리를 스칩니다. 누각에 오른 후에 사다리를 버린다는 말입니다. 경거망동, 오만방자하지 말라는 뜻이겠지요. 누각들 그렇게 높지 않던 시대에도 그런 경고를 했는데…. 지금의 누각들 쭉쭉 뻗어 엄청 높은 곳에 자리 잡고 있습니다. 아차! 하여, 떨어진다면 어찌되겠습니까. 다리 아니라 무쇠다리라도 배겨낼 수 없을 겁니다. 그러니, 사다리 지망지망히 걷어찰 것이 못 됩니다.

무장해제 武裝解除

 세상에는 묘한 것들이 참 많다. 자연도 그러하지만 우리 인간들이 만들어 놓은 것들에는 의외로 비밀스러운 것들이 많다. 사소한 것에서부터 어마어마한 것에 이르기까지 우리 주위에는 많은 비밀이 숨어있다.
 애주가들이 즐겨 잡는 술잔과 술병에도 비밀이 있다. 어느 술잔이든 그 잔에 담기는 알코올 도수를 비슷하게 만들었다. 막걸리 한잔과 소주 한잔, 맥주 한 잔과 양주 한잔에는 꼭 같은 도수로 되어 있다. 그러니 막걸리 두 잔을 마시는 것이나 소주 두 잔을 마시는 것과 같다는 말이다. 술잔을 만드는 사람이 이렇게 알코올 도수에 맞추어 제작했다.
 술병도 그냥 어설프게 만든 것이 아니다. 막걸리 한 병은 석 잔이 나오고, 소주는 일곱 잔이 나온다. 맥주는 석 잔이 나오고, 고량주는 다섯 잔이 나오도록 만들어졌다. 모두 홀수인 것을 알 수 있다. 우연의 일치가 아니다.

  술은 혼자서 잘 마시지는 않는다. 대체로 두 사람이 마주 앉아 마시는 경우가 많다. 가령 친구와 둘이 앉아 주거니 받거니 술을 마신다고 하자. 이렇듯 홀수가 되면 어느 한 사람은 한 잔을 덜 마시게 된다. 술이 바닥나게 되면 바로 한 병을 더 주문한다. 정을 내세우고 의리를 내세우며 한 병을 추가하게 되니 매상은 늘어나게 된다. 매상은 어디 술집만 늘어날까. 당연히 주조회사까지도 늘어나게 된다. 술병의 크기에도 이런 기막힌 상술이 숨어 있다.

  청량음료인 콜라도 마찬가지이다. 코카콜라가 업계에서 단연 최고다. 수많은 콜라 회사가 비슷한 제품을 출시했지만 지금껏 그와 같은 맛을 내지는 못한다. 그들도 부단히 노력했을 것이다. 그러나 아직까지 그 액의 배합 비율을 밝혀내지 못하고 있다.

  우리의 믹스커피도 그 배합비율이 비밀이다. 달달한 우리의 믹스커피 맛을 많은 이들이 좋아하는가 보다. 외국인들이 그 맛을 찾아내려고 무척 애를 쓴다고 한다. 그러나 아직 우리의 믹스커피 맛을 내지 못하고 있다.

  임진왜란에는 일본의 조총이 비밀 병기였다. 일본은 네덜란드 난파선에서 얻은 조총을 개발하여 대량 생산까지 하였다.

그것을 모든 병사들에게 지급하였으니 놀랄 일이었다. 칼과 활만 다루었던 우리는 조총 앞에 꼼짝할 수 없었다. 물론 포는 있었지만 접근전에는 아무 소용이 없었다.

그에 대항한 이순신 장군의 '거북선'과 '비격진천뢰'는 우리의 비밀 병기였다. 배에 옮겨 탈 수 없게 설계된 거북선에 사무라이들은 속수무책이었고, 언제 터질지 모르도록 장치된 '비격진천뢰'에 왜군들은 혼비백산했다.

이처럼 기업들은 물론이요, 나라도 다 하나씩 비밀 병기를 가지고 있다. 그렇게 해야 살아남을 수 있기 때문이다. 난치병 치료제 기술, 잠수함 건조 기술, 원전 건설의 기술, 핵폭탄 제조 기술, 등등 이런 비밀병기 하나쯤 있어야 존속할 수 있는 시대가 되었다.

물론 개개인도 마찬가지이다. 비밀병기 하나쯤 가지고 있어야 가난과 천시를 물리치고 삶이 풍성하여지리라. 그런데 칠십여 년을 살아오는 동안 변변한 비밀 병기 하나 마련해 본 기억이 없다. 황혼에 이르러 이렇게 글을 쓰고는 있지만, 이곳에서도 갖지 못했으니….

목표는 길이다

 이번에 서유럽을 다녀왔다. 늦은 감이 없지 않은 여행이었다. 젊었을 적엔 형편이 어려워 갈 수 없었다. 형편이 나아지니 또 다른 문제들이 훼방을 놓아 가지 못했다. 이번엔 만사를 제쳐놓고 가보리라 마음먹은 끝에 간신히 다녀 온 여행이었다.
 젊었을 적부터 유럽은 꼭 가보리라고 마음먹고 있었다. 르네상스와 신사의 나라, 멋과 향수의 나라, 요들송과 눈의 나라, 역사와 디자인의 나라에 꼭 가보고 싶었다. 특히 '모든 길은 로마로 통한다'는 말이 유럽을 가지 않으면 안 되게끔 끈질기게 자극을 했다.
 여행을 마치고 돌아오니 뿌듯했다. 다른 하늘, 다른 풍경, 다른 역사, 다른 사람들, 사진으로 보고 말로만 듣던 신기한 것들을 보고 온 것에 대한 뿌듯함이 있었다. 그 뿌듯함은 귀중한 무언가를 얻은 성취감에 젖게 했다.

 지난해, 동기들의 송년회에서였다. 친구들은 신수가 좋아 보인다고들 했다. 아무튼 감사한 일이다. 그냥 인사치레라고 여겼다. 그런데 하나 둘도 아니고 모두들 그렇다고 하니 궁금증이 일었다. 어쨌기에 좋아 보이는 걸까.

 돌아오는 길에 곰곰이 생각해 보았다. 내 무엇이 그렇게 비쳤을까. 내 처지도 친구들과 하나 다를 바 없다. 다 비슷한 나이에, 머리가 세고, 주름이 지고, 어깨가 처지고, 걸음이 둔한 것 또한 다 같은 것이다. 부를 쌓은 것도, 명예를 얻은 것도, 그렇다고 권력을 거머쥐지도 않았다. 그런데 내가 다 좋아 보인다니 이상한 노릇이다.

 한참을 생각해 보니 친구들과 다른 것이 하나 있었다. 글을 쓰고 있는 것이 그들과 다르다면 달랐다. 나는 매일 글을 쓰고 있다. 글을 쓰는 사람이니 명작은 아니더라도 '그것, 좋다!'라는 말을 들을 수 있는 한 편의 글은 있어야 할 것 아닌가. 그래서 열심히 글을 쓰고 있는 것이 친구들과는 다른 점이다.

 좋은 글 한 편을 써야겠다는 바람은 곧 목표가 되는 것이리라. 작은 목표이지만 그것을 이루기 위해 힘을 쏟는다. 무엇인가를 만들어 내려고 애를 쓰고 있다. 친구들의 '좋아 보인다.'라는 말은, 내가 좋은 글 한 편을 써야 한다는 그 목표가 은연중 그들에 비쳐진 것이라 생각되었다.

그런 생각이 이번 유럽 여행을 하며 바뀌게 되었다. 이제껏 목표에 의한 성취감은 부와 명예, 권력, 또는 무엇을 만든다거나 글을 쓴다거나 하는 것처럼 생산적인 것에서만 얻어지는 줄로만 알았다. 그런데 소비적인 것, 즐기는 것에서도 얻어진다는 것을 알게 되었다.

내가 폄훼했던 버킷리스트를 달리 보게 되었다. 목표를 정하지 않고 이곳저곳 발길 닿는 대로 여행하는 것보다는 목표를 정하여 한곳 한곳 가게 되면 훨씬 재미를 느낀다는 것을 확인한 셈이다.

이번 여행에서 뿌듯함을 느꼈던 것도 젊은 시절에 '꼭 가보리라' 했던 그 목표를 달성한 성취감에서 오는 것이리라. 여세를 몰아 내년에는 동유럽을 가기로 작정했다. 그 목표를 달성하기 위해서 무엇인가를 해야 한다. 그곳의 풍광과, 그곳 사람들의 삶과, 그곳 음식을 상상하리라. 또한 여행경비를 저축하고, 건강을 챙길 것이다. 목표가 있으니 그렇게 된다.

모든 길이 로마로 통한다면, 모든 목표는 활력으로 통한다.

감각에 기대어

"우리 같은 사람도 가능할까요?"

새로운 학기의 수필강좌가 시작되면 어김없이 받는 질문이다. 문학을 처음 접하는 분들이 모두 가질 만한 의문이다. 얼마든지 가능하니 자신을 가지라는 대답을 한다.

직장 생활을 할 때, 업무의 일환으로 부산에 있는 병기창에 견학을 갔었다. 열처리 과정을 보기 위해서였다. 병기창은 군용 장비를 제조하는 곳이다. 우리가 보고자 했던 것은 군용 삽의 열처리 과정을 보기 위해서였다.

쇠는 열처리를 하는 것과 열처리를 하지 않는 것이 있다. 열처리를 하는 것은 쇠를 더 단단하게 하기 위함인데 쇠의 종류마다 각기 다른 복잡한 과정을 거친다. 열처리의 대체적인 과정은 커다란 로(爐가마) 안에 제품(鐵쇠)을 넣고 전기 또는 오일

버너로 1,000도에 가까운 열을 일정 시간 가열했다가 식히는 작업이다. 식히는 것도 쇠의 종류나 용도에 따라 서랭과 급랭의 방법이 있다. 열처리는 냉각도 중요하지만 1,000도에 가까운 열을 얼마 동안 가열하느냐가 문제이다. 옛날엔 모두 감각으로 했지만, 요즘은 특수 온도계와 타이머를 사용한다.

간단한 소개를 받고 열처리로熱處理爐가 있는 곳으로 갔다. 그런데 머리가 허연 웬 노인이 열처리로 옆에 누워 있는 게 아닌가. 보란 듯이 야전침대에 편안히 누워 있었다. 의외의 장면에 우리가 당황했다. 안내하는 분은 이해하라며 그 노인의 이야기를 들려주었다.

노인은 문관으로 채용되어 열처리만 전문으로 하는 분이었다. 젊은 시절부터 오랫동안 이곳에서 근무를 했다. 그분이 만드는 제품은 하자가 없기로 이름났다고 했다. 그런데 몇 년 전, 새로 부임한 창장이 순시를 하다가 누워 있는 노인을 발견하게 되었다. 창장도 의외의 장면에 놀랐다. 호통을 치고 즉시 해고하라고 지시를 내렸다. 부하들이 적극 만류를 해도 듣지 않았다. 전에도 꼭 같은 일로 해고를 했는데 후임이 제품 불량을 많이 내어 다시 복직을 시켰다며 말렸다. 창장은 그래도 막무가내였다.

창장은 전공학과를 나온 기술자를 부르면 된다고 단호하게 거절했다. 결국 창장이 바라던 대로 그가 해고되고 인정받은 젊은 기술자가 채용되어 왔다. 그런데 제품 불량이 엄청나게 많이 나왔다.

익숙하지 않으니 처음엔 그러리라. 시간이 지나면 해결되리라 했지만, 불량의 양은 줄어들지 않았다. 계속되는 불량에 공기를 맞추지 못하는 사태가 빚어졌다. 결국 새로 온 그 기술자도 손을 들고 말았다. 사태가 그 지경이 되니 창장도 하는 수 없이 다시 노인을 불렀다고 한다.

그 노인이 불량품을 내지 않는 비결은 무엇일까. 그분은 누워 있어도 열처리로에 발바닥을 대고 로 안의 열을 감지하고 있었다. 오랜 숙련에 의해 얻은 감각이었다. 결국 숙련에 의한 감각이 과학적인 접근을 누른 셈이다.

글쓰기도 그와 같지 않나 생각된다. 물론 전공을 했다면 빠르게 익힐 수 있어 더할 나위 없이 좋을 것이다. 그러나 전문적인 지식이 없더라도 오랜 숙련의 과정을 거친다면 좋은 글을 충분히 쓸 수 있다고 본다. 꾸준히 일기를 썼다든지 독서량이 많다든지, 감상문, 기행문, 편지글이라도 많이 썼거나 아니면 영화라도 많이 본 분들은 감각이 길러졌을 것이다. 만약 그렇지 않다면 지금부터라도 열심히 감각을 기르면 된다.

그 노인처럼 감각이 길러지면 글쓰기도 얼마든지 가능하다. 다빈치도, 에디슨도 정식으로 그 분야의 학습을 하지 않고도 대가를 이루었다. 그러니 글쓰기도 분명 가능하리라.

국밥과 따로국밥

음식점으로 향한다. 저녁을 먹기 위해 따로국밥집으로 간다. 늦은 시간, 혼자서 마땅히 갈 만한 음식점이 없을 때엔 그곳으로 간다. 그곳엔 오래된 친구처럼 편안한 음식이 있기 때문이다.

대구 중심가에 있는 그 음식점은 젊었을 적부터 즐겨 찾은 곳이다. 얼큰하면서도 맛이 있는 따로국밥이 좋기 때문이다. 그 음식점은 격의 없는 사람들끼리, 또는 한 끼 해결하기 위해, 아니면 과음한 다음날 가기에 딱 좋은 곳이다.

따로국밥이 무엇일까? 외지인들은 생전 처음 듣는 음식이리라. 따로국밥은 하얀 쌀밥 한 그릇과 선지와 우거지가 섞인 쇠고기국을 차려낸 음식이다.

그게 국밥 아니냐고 반문할 수 있다. 그러나 따로국밥은 국에 밥을 말아 내지 않고, 국 따로, 밥 따로 차려내는 음식이다. 그냥, 그것뿐이다. 별난 것이 아니라 아주 단순한 차이가 있을 뿐이다. 그러나 이렇게 단순한 것도 누가 먼저 착안을 했기에 지금껏 이어지고 있다.

국밥은 옛 시골장터에서부터 등장했던 음식이다. 큰 가마솥에 쇠고기와 선지, 파와 무를 썰어 넣고 펄펄 끓여낸 국을 뚝배기에 밥과 함께 담아내는 게 국밥이다. 별다른 찬도 없다. 김치나 깍두기가 전부다. 단출한 음식이라 빨리 차려낼 수 있어 장터나 역이나 정류장처럼 사람들의 왕래가 잦은 곳에 터를 잡았었다. 한국식 패스트 푸드라고나 할까.

대구의 따로국밥도 처음엔 여느 시골 장터의 국밥처럼 시작되었을 성싶다. 그러던 것이 몇몇 손님들이 밥을 따로 줄 수 없느냐고 하지 않았을까. 손님 중 입맛이 까다롭거나 좀 점잖게 먹고 싶었던 사람들이 따로 차려낼 것을 원했을 것이 틀림없다.

위가 좋지 않은 사람은 밥을 국에 말아서 먹는 걸 꺼린다. 또, 귀하디귀한 소고기국을 점잖게, 별스럽게 먹고도 싶었을 것이다. 그렇게 해서 국 따로, 밥 따로 차려진 것이 그만 따로국밥이 되었다.

그렇게 밥 따로 국 따로 차리는 그 자그마한 착안도 아무나 할 수 있는 것은 아니다. 엄연한 패스트 푸드지만 슬로우 푸드로 가장한 착안도 대단하다. 그런 착안 덕분에 60년 동안 전통을 지키며 가업을 이어오고 있다.

따로국밥, 결국에 국밥과 똑같은 것인데 같잖게 허세를 부린다고 할지 모른다. 그러나 따로국밥에는 국밥으로 누릴 수 없는 것들이 숨어 있다는 것을 발견할 수 있다. 따로국밥은 바쁜 사람들이 허겁지겁 먹는 국밥처럼 먹는 것이 아니다.

밥 한 술을 입에 넣고 국 한 숟갈 떠먹으면 여유가 생기고, 그 여유는 품위를 갖추게 한다. 그리고 국에 말아 먹기 싫어하는 사람에게는 배려가 되는 것이다. 또 식전 반주를 즐기는 애주가에게는 건더기로 안주를 삼을 수 있으니 서비스가 되는 셈이다. 그래서 따로국밥에는 여유와 품위가 있고, 배려가 있고, 실속이 있다.

밥을 따로 차려내는 이 작은 차이에서도 이처럼 많은 것들이 숨어 있는데, 다른 것들은 말해 무엇 할까.

그러나, 아내는 괜찮다

딸의 목소리는 곧 숨이 넘어간다. 아내가 위급하여 구급차를 불렀다는 전화다. 가슴이 철렁한다. 어느 병원으로 가면 좋겠느냐고 다급히 묻는다. 마른 침을 삼키며 어떤 증상이냐고 되묻는다. 구토가 심하고 어지럽다 하니, 종합병원으로 가야하지 않겠느냐고 한다. 넘어지거나 자동차 사고냐고 물으니 아니라고 한다.

짧은 순간에 많은 생각이 교차한다. 어디에 부딪친 것이 아니라면 조금은 안심이 된다. 혈압도 정상이어서 뇌질환은 아닐 것 같다. 예전에 귓병으로 병원 신세를 진 적이 있어서 그쪽이 의심된다. 그렇다면 구태여 대학병원까지 가지 않아도 되겠다.

나는 우리 집 부근에 있는 병원으로 보내라고 한다. 딸은 쭈

뺏거리며 그래도 대학병원으로 가야 하지 않겠냐고 한다. 내가 알아서 할 것이니 일단 보내라 하고 부리나케 병원으로 향한다.

병원에 도착을 하자 곧 이어 구급차가 도착한다. 간호사가 체온과 혈압을 체크하고 심전도 검사를 하는 사이 담당의사가 응급실로 내려와 상태를 살핀다. 곧이어 CT와 X-rey 촬영에 들어간다. 실로 일사분란하다.

아내는 오후에 딸네 집에 갔다. 외손녀의 재롱을 보는 중 어지러워 옆방에서 혼자 쉬었다고 한다. 안정을 취하면 곧 괜찮아지리라 여겼던 모양이다. 그런데 두통은 점점 더 심해져서 천장이 빙빙 돌아가고 마침내 구토까지 하게 된 모양이다. 그 광경을 본 딸이 깜짝 놀라 구급차를 부른 것이다. 아내가 구급차 신세를 진 것은 이번뿐이 아니다.

지난해였다. 저녁 식사를 하고 난 다음 속이 좋지 않다고 했다. 체한 것인가 배탈이 난 것인가를 물었다. 잘 모르겠다고 했다. 점심 때 외식을 했으니 내 짐작으로는 배탈이었다. 상비약이 준비되어 있으니 먹으라고 했으나 참아 본다며 먹지 않았다. 차츰 증상이 심해지는 것 같았다. 얼른 먹으라고 물과 약을 코앞에 대령해도 먹질 않았다. 오히려 약을 그렇게도 좋아하느냐며 눈총을 주었다.

머쓱하여 내 방에 와서 일을 보았다. 아니나 다를까, 끙끙 앓는 소리가 들렸다. '아파 보라지.' 하다가 그래도 안 되겠다 싶어 다시 약을 대령했다. 그제야 마지못해 약을 먹었다. 그런데도 통증은 점점 더 심해지는 것 같았다. "음— 음—." 소리가 나오기 시작했다. 병원에 가자고 일으켜 세웠다. 그러나 이제 약을 먹었으니 나아질 것이라며 가지 않겠다고 했다. 다른 병일지도 모르니 가자고 했으나 가지 않는다고 버텼다. 언성을 높여도 막무가내였다.

끌고갈 수도 없어 조금 지켜보기로 했다. 약 기운이 도는 데는 5분, 아니 10분은 걸릴 것이다. 이렇게 셈을 하는데 통증은 점점 더 심해졌다. "아이고!" 소리가 터져 나왔다. 거실 바닥에 데굴데굴 굴렀다. 그제야 안 되겠다 싶었던지 구급차를 부르라며 손짓을 했다.

대학병원 응급실에 갔건만 조처라는 것이 검사뿐이었다. 체온과 혈압 체크는 물론 심전도를 시작으로 온갖 검사가 끊이지 않았다. 환자는 고함을 지르는데 담당의사는 오지 않았다. 응급실은 초기대응이 생명이건만— 거대 조직의 순발력에 분통이 터졌다.

삼십여 분이 지나자 통증은 서서히 가라앉는 듯했다. 집에서 먹은 약이 효력을 내는 것이리라. 결국 몇 시간이 지나서야 담당의사가 내려와 내린 진단은 예측한 대로 장염이었다.

아내도 처음 약을 먹으라고 했을 때 먹었으면 박테리아인지

바이러스인지 박멸이 되었을 것이다. 그랬다면 그 고통을 겪지도 않았고 구급차 신세도 지지 않았다. 환자나 병원이나 초기 대응을 잘 못한 탓으로 새벽녘이 다 되어서야 약봉지 하나 들고 집으로 돌아왔다.

 이번의 귓병도 증상이 약하더라도 빨리 약을 사 먹었으면 이렇게 고생을 하지 않았다. 이 귓병도 하루 이틀 앓은 병이 아니라 무슨 약을 먹어야 한다는 것도 뻔히 알면서 곧 나아지겠지 하고 버티다 그렇게 되었다.

 아내는 영양제이건 치료제이건 약을 싫어한다. 몸에서 아무리 신호를 보내도 그저 나아지겠지 하며 버틴다. 바이러스나 박테리아도 어느 정도는 체내의 면역물질이 퇴치를 시킨다. 그러나 한계를 넘으면 자가 면역력으로는 퇴치가 불가능하다.

 병을 치료하는 것과 화재 진압은 흡사하다. 불이 처음 시작되었을 때는 물 한 컵으로도 끌 수 있다. 그러나 한계를 넘으면 수십 대의 소방차가 오더라도 끌 수 없다. 담배꽁초 하나가 마을을 다 휩쓸어 버리고, 감기로 시작하여 폐렴으로 죽지 않던가. 그래서 초기대응이 중요하다고 한다.

 아내는 고집이 세고 자기주장을 할 때엔 단호하다. 뿐만 아니라 할 일을 두고 그냥 있지 못하는 성격이다. 그런데 자기 몸에 이상이 있는 것은 왜 재빠르게 대처를 하지 않는 것일까. 지난해에도 골든타임을 놓쳐 그 고초를 겪었으면서도 말이다.

그것이 내가 풀지 못하는 의문이다. 아무튼 그런 아내 때문에 나는 불안에 떨고 있다.

48시간

〈내게 남은 48시간〉, 티브이 프로그램의 타이틀이다. 자신이 살 수 있는 시간이 이틀이라니, 비장함마저 묻어난다. 자신이 숨을 거둘 날짜와 시간을 정확히 알게 된다면…. 과연 우리는 어떤 행동을 하게 될까?

스피노자의 사과나무 이야기는 왠지 멀게만 느껴진다. 프로그램은 '당신이라면 죽음으로 향해 가는 마지막 48시간을 누구와 무엇을 하며 보내겠습니까?'라고 묻고 있다. 생과 사의 경계에서 자신의 삶을 정리하는 그 프로그램은 의미심장했다.

몇 회에 걸쳐 여러 출연자가 나와 다양한 모습들을 보여주었다. 그러나 어디까지나 가상의 설정이기에 보여주기 위한 모습들이 보였던 게 사실이다. 그런 모습들을 보면서 만약 내게 48시간만 주어진다면 과연 무엇을 할 것인가를 곰곰이 생각해 보았다.

　나이가 많아 그들처럼 모교를 찾지는 않을 것 같다. 이미 선생님들도 다 먼 곳으로 가셨기 때문에 그럴 필요는 없기 때문이다. 고향도 너무 오래되어 몰라보게 변해 버렸다. 글을 쓰는 나로서는 가장 먼저 노트북을 끌어안고 정리하지 싶다. 필요 없는 것들은 삭제하고 미완성으로 나뒹구는 작품을 손질할 것 같다. 그러려면 꽤 많은 시간이 소요되리라.

　그러나 첫날 저녁에는, 자식들과 만찬을 즐기겠다. 남겨줄 큰 재산이 없으므로 유산에 대한 이야기는 필요 없을 것 같다. 그저 가족 간에 화목하게 지내고 잘 살라는 당부를 할 것 같다. 그리고 서재의 책들은 오지 마을의 도서관에 기증하라고 부탁할 것이고, 내 책은 잘 보관해서 손자가 성인이 되면 전해주라 할 것이다. 좋은 것, 물려주지 못하고 부탁만 할 것이니 미안하여 발걸음이 떨어질지 모르겠다. 역시 집에 돌아오면 노트북의 원고를 정리할 것이 틀림없다.

　다음 날 오전에는, 먼저 부모님 산소에 들러야겠다. 곧 뵙게 되겠지만 그래도 이승에서의 마지막이니 인사라도 드려야 할 것 같아서이다. 또 내가 그분들 바로 아래에 가게 될 테니 발치의 풍경들을 한 번 더 눈에 익히고 싶어서이다. 돌아와서는 역시 원고를 정리할 것 같다.

　마지막 날 오전에도 원고 정리에 매달릴 것이 틀림없다. 부족한 글이지만 마무리를 지어야 하기 때문이다. 저녁에는 문우들을 만나겠다. 소담한 음식점에서 만나 그동안 내게 베풀어준 정에 대한 감사의 뜻으로 식사와 술을 대접하고 싶다. 그리고 문학회를 잘 이끌어 달라는 부탁을 할 것이 틀림없다.

자신의 마지막 시간이 오면 사람들은 다 다른 행동을 취할 것이다. 자기 삶의 무게를 어디에 두고 사느냐에 따라 각자 다른 행동을 취할 수밖에 없다. 누리고, 즐기는 것을 좋아하는 사람과, 의미와 가치에 무게를 두는 사람이 같을 수는 없다.

내가 이처럼 원고 정리에 매달리는 것을 보면 글쟁이임에 틀림없다. 내 삶의 완성은 오로지 좋은 수필을 쓰는 것에 의미를 두고 있음이다. 이 글을 쓰면서도 좋은 작품 하나라도 남겨야 한다는 그 생각밖에는 없다.

윤 법사法師

 세상에는 믿지 못할 일도 있다. 가끔 과학으로 증명을 할 수 없는 현상을 만날 때가 있기 때문이다. 그런 현상들을 '우연의 일치, 초자연적 현상, 초능력'이라 하고, 더 심한 경우는 기적이라고도 한다. 그런 일을 실제 겪게 될 때는 정말 신이라는 존재가 있을 수도 있겠구나 하는 생각이 드는 것도 사실이다.

 IMF를 겪을 때였다. 사업을 하던 때여서 자금 압박을 심하게 받고 있었다. 어쩔 수 없이 가지고 있던 땅 하나를 내놓을 수밖에 없었다. 그렇지 않고서는 눈덩이처럼 늘어만 가는 부채가 감당이 되지 않았기 때문이다.

 땅을 팔기 위해 부동산 중개소에도 내놓고 신문광고도 내고 부단한 노력을 했다. 그러나 때가 어느 때인가. 땅이 팔릴 리가 없었다. 그 어려운 시기에 부동산에 눈을 돌릴 사람이 누가 있겠는가. 팔 사람만 있었지 살 사람은 아무도 없었다. 수십 차례 광고를 냈지만 문의하는 전화는 한 통도 없었다. 잔고는 바닥 나고 대출 이자가 늘어가니 그야말로 숨이 넘어갈 지경이었다.

그즈음 한 지인을 만났다. 자연스레 넋두리가 나올 수밖에 없었다. 땅이 팔리지 않아 골치가 아프다고 했더니 좋은 곳을 가르쳐 주겠다고 했다. 그분은 윤 법사를 찾아가면 해결될 것이라 했다. 친구가 볼링장을 매물로 내놓았는데 팔리지 않았다고 한다. 그런데 윤 법사의 처방대로 했더니 금방 팔렸다는 것이다. 지푸라기라도 잡고 싶은 판에 귀가 번쩍 뜨였다. 어디냐고 소개를 받았다.

땅만 팔린다면 무슨 짓을 못하겠는가. 전화로 예약을 하고 그곳을 찾아갔다. 처방에 엄청난 비용이 드는 것도 아니어서 신문 광고를 내는 셈 치고 갔던 것이다. 그곳에 갈 때까지는 반신반의하는 마음이었다.

개량 한복을 입은 윤 법사는 50남짓 되어 보이는 평범한 남자였다. 그는 수인사를 끝내자 무슨 목적으로 왔느냐고 물었다. 땅을 팔고 싶다고 했다. 그러자 그 땅이 있는 위치를 알려 달라고 했다. 이곳에서 자동차를 타고 가는 것처럼 말하면 그곳에 가보겠다고 했다. 내 말만 듣고 어떻게 가는지 이해가 되지 않았지만 시키는 대로 했다.

그는 눈을 지그시 감고 듣고만 있었다. 긴 설명 끝에 도착지인 그곳에 닿았다고 하자, 윤 법사는 마치 그 밭을 둘러보는 것처럼 한참을 조용히 있더니 입을 열기 시작했다. 밭이 길쭉하게 생겼다. 밭 한쪽에 기다란 건물이 하나 있다. 그런데 지붕이 검다. 또 밭 여러 곳에 구덩이가 파져 있다. 법사는 마치 그 밭에 가 본 것처럼 말했다. 모두가 사실이었다. 그곳에 가 본 것처럼 말하는데 탄성이 나오지 않을 수 없었다.

직접 가 보지도 않고, 그처럼 정확하게 알아맞히는데 믿음이 가지 않을 수 없었다. 처방을 해달라고 하자, 뒷방에 모신 제단에 공을 들이러 들어갔다. 한 30여 분이 지나서야 그 방에서 나오는데 자그마한 자루가 손에 들려져 있었다. 그 자루에는 제단에 올려 공을 들인 오곡五穀이 들어 있었다. 법사는 이것을 붉은 황토와 섞어 팔고자 하는 그 땅 둘레에 골고루 뿌리라고 했다. 뿌리고 난 다음 부동산 사무실 세 곳에 내어놓고 오면 보름 안에 기별이 올 것이라 했다.

다음 날, 아내와 함께 법사가 시키는 대로 오곡과 황토를 섞어 그 밭 둘레에 골고루 뿌렸다. 그리고 돌아오는 길에 부동산 세 곳을 들렀다. 부동산 사무실에서는 이 지경에 누가 밭을 사겠습니까. 모두 시들한 표정들이었다.

그렇거나 말거나 시키는 대로 했으니 기대를 하며 기다렸다. 일주일쯤 되었을까. 한 부동산에서 전화가 왔다. 누군가 그 밭을 사겠다는 전갈이었다. 정말 기적 같은 일이었다. 이 시기에 정신이 나간 사람이 아니고서는 누가 밭을 사려 하겠는가. 그런데 거짓말처럼 부르는 대로 사겠다는 사람이 나타난 것이다. 바로 다음 날 계약을 성사 시켰다.

윤 법사는 초능력이나 신통력을 가진 것이 틀림없었다. 내가 하는 말만 듣고 그 현장을 마치 가 본 것처럼 훤히 꿰는 것은 초능력이라 할 수 있을 것이다. 그러나 공을 들인 그 오곡은 무슨 수로 매수자를 물색했으며 어떻게 충동질을 했을까. 세상에는 정말 믿을 수 없는 일도 있구나 싶었다. 그가 구세주처럼 보였다. 풀리지 않는 문제들을 모두 그에게 의뢰하고 싶었다.

그 땅을 처분하며 뉴스를 장식하는 불미스런 일들이 떠올랐다. 뭇 사람들이 왜 허무맹랑한 꼬임에 넘어가는지를 이해할 수 있었다. 똑똑한 사람도 초자연적인 현상이나 초능력을 보게 되면 쉽게 빠질 수밖에 없을 것 같았다.

그러나 초능력도 일정 기간이 지나면 발현되지 않는다는 말도 들은 적이 있다. 그 말 때문은 아니지만 매사를 윤 법사에게 매달릴까봐, 더는 발걸음을 하지 않았다.

그러나 예상 밖의 일들이 툭툭 불거지는 요즘, 앞 일이 불안 불안하기만 하다. 어찌해야 할지 도무지 감을 잡을 수가 없다. 이처럼 머리가 복잡하고 어지러울 때는 솔직히 윤 법사에게 한 번 물어 보고 싶은 충동도 느낀다.

어떤 고정관념 固定觀念

 역 이름이 바뀌었다. 지하철을 타고 가던 중에 역명驛名이 바뀐 것을 보게 되었다. 바뀐 역명을 보게 되니 기분이 묘했다. 그 역은 나와 아내의 속을 태웠던 역이었기 때문이다.
 친구들과의 모임이 있는 날이었다. 일이 있어서 아내 혼자 참석해야 했다. 장소는 지하철 '큰고개역'을 나서면 맞닥뜨린다고 했다. 승용차로 이따금 그 앞을 지나다녔기에 길치인 아내도 쉽게 찾을 것 같았다.
 안심을 하고 볼일을 보는 중에 아내로부터 전화가 왔다. 아무리 찾아도 큰고개역도 그 식당도 보이지 않는다고 했다. '큰고개'는 맞느냐 물었더니 틀림없다고 했다.
 큰고개란 예전에 대구에서 경주·포항 쪽으로 가는 관문이었다. 지금도 도로의 폭이 넓어 시내버스의 대부분이 그 도로로 운행되고 있다. 그 대로에 높게 솟은 고개라 하여 큰고개라 부른다. 그런데 그곳에 큰고개역이 없다니….

그래도 그렇지, 한번 다시 찾아보라고 했다. 차를 뉴턴 시키며 몇 번을 돌았지만 보이지 않는다고 했다. 그래서 그 길에 늘어선 큰 건물을 하나하나 나열해 보았다. 돌아온 대답은 분명 그곳에 왔다고 했다. 아! 이게 무슨 일인가. 그렇다면 나도 어쩔 수 없으니 친구들에게 전화해 보라고 했다.

한참 후, 아내로부터 다시 연락이 왔다. 친구들께 전화를 해봐야 소용없다고 했다. 시키는 대로 가 보았지만 역시 보이지 않는다며 짜증을 내었다. 어쩔 수 없으니 그냥 돌아오라고만 할 밖에.

밤이 늦어 아내가 돌아왔다. 다행히 식당을 찾아 모임을 마치고 오는 길이라 했다. 그러면서 당신이 말한 고개역은 그곳이 아니라 했다. 말도 안 되는 소리라며 일축하자 한번 찾아보라고 했다.

스마트폰으로 검색을 했더니 예상을 깨고 큰고개역은 고개의 아래에 있었다. 어쨌든 그 길로 갔으면 찾을 수 있는 위치였다. 아내를 불러 이것 보라며 지도를 보여 주었다. 그런데 그곳엔 역이 없다고 우겼다.

지도를 확대하여 다시 보았다. 어! 이게 웬일인가. 큰고개역은 큰 도로에 있는 게 아니라 나란히 가는 뒤 블럭의 좁은 도로에 붙어있는 게 아닌가. 이럴 수가! 큰고개역은 예상 밖의 위치에 있었다.

고개 마루도, 대로도 아닌 곳에 왜 역을 세웠을까. 무슨 사정이야 있었을 것이다. 하지만 이해가 안 되는 것은 몇 미터만 더 가면 큰 교차로도, 큰 관공서도 있는데 왜 하필 그곳이어야 하는가.

역과 역의 간격을 맞추어야 한다는 집행자들의 고정관념 때문일까? 그건 그렇다 치고, 더 이해할 수 없는 것은 역명마저 그 위치와 무관하게 명명한 것이다. 고개란 가장 높은 곳을 가리킨다. 그런데 고개가 시작되는 아래에 떡하니 자리 잡고 있었다.

그것도 그들의 고정관념 때문일까? 역의 위치와 역명, 둘 중 어느 하나만이라도 달리했으면 헛갈리지 않았을 것이다. 우리가 그토록 방황한 것은 집행자들과 우리 부부의 서로 다른 고정관념이 충돌한 때문이다.

그것은, 생산자가 소비자의 입장을 조금도 생각하지 않은 때문이다. 곧바로 해당 기관 홈페이지에 그런 사항을 소개하고 시정해 줄 것을 요청했다.

그로부터 거의 일 년이 지난 바로 오늘, 그 역명이 바뀐 것을 보게 되었다. 그런 요청을 어디 나만 했겠는가. 불편을 겪은 많은 시민들의 요구가 있었을 터이다. 결국 생산자는 소비자의 바람대로 역명을 변경해 주었다. 그러고 보니 우리 소비자들의 고정관념이 보편적이었던 모양이다.

3부

군자목君子木
몰랐던 함수函數
오래된 버릇
버티기와 견디기
염소탕 한 그릇
에베레스트 오르기
청개구리
거인ㅌㅅ들
참으로 숫되다
한 발 비켜서면

군자목君子木

　가지가 휘늘어져 있다. 수양버들이 녹색의 잎들을 달고 축 늘어져 있다. 그 모습에는 급할 것 없는 태평스러움과, 무엇이나 품어 줄 것 같은 푸근함이 묻어난다. '신천' 둔치를 걷다가 수양버들 아래에 걸음을 멈춘다.

　신천 둔치에는 아름드리 수양버들이 몇 그루 있다. 다른 곳에서는 좀처럼 볼 수 없는 수종이다. 띄엄띄엄 늘어서 있는 모습이 몹시도 외로워 보인다. 작은 잎들을 무수히 달고 그것이 무거운지 가지를 축 늘어뜨리고 있어 지난한 삶을 짐작하게 한다.

　어렸을 적엔 수양버들을 많이 볼 수 있었다. 시내 곳곳의 가로 변에 수양버들이 우뚝 서서 기세등등했었다. 대부분의 가로수가 플라타너스 아니면 수양버들이었다. 그런데 지금은 모두 사라지고 그 자리에는 은행나무, 느티나무들이 늘어서서 위용을 뽐내고 있다. 살림살이가 풍족해지면 가로수도 바뀌는가 보다.

수양버들은 참 부지런한 나무다. 추위가 가시지 않은 2월에 벌써 새움을 틔운다. 다른 나무들은 조용히 잠자고 있지만 수양버들은 파릇파릇한 연두색 움을 내민다. 성질이 급한 개나리보다 먼저 잎을 내미는 것이다. 아마 수양버들은 을씨년스런 겨울 모습을 하루라도 빨리 지워, 산책하는 이들의 마음을 따뜻이 데우려는가 보다.

수양버들의 잎은 얼마나 무성한지 모른다. 여름이면 그 빽빽한 잎들로 인해 큰 그늘이 만들어진다. 작은 잎들이 어찌나 오밀조밀 고개를 내밀던지 나무 아래는 산책하는 이들, 수십 명도 능히 쉴 수 있을 정도다. 그 그늘은 또 얼마나 아늑하던가. 온갖 새들과 매미들이 날아들어 쉬었다 간다.

가을의 수양버들은 가슴을 애잔하게 한다. 서둘러 울긋불긋 요란스럽게 물드는 나무들과 달리 아주 천천히 물들어 간다. 수양버들은 결코 요란한 색으로 물들지도 않고, 초록에서 연둣빛으로 물든다. 언뜻 보면 알아챌 수 없을 정도로 물이 든다. 그리고 다른 나무들이 잎을 다 떨어뜨려도 수양버들은 굳건히 잎을 달고 있다. 달력의 마지막 장을 펼치는, 12월이 다 되어서야 잎을 하나둘 떨어뜨리기 시작한다.

수양버들의 겨울 모습은 한 편의 감동적인 드라마다. 잔디가 모두 시들어 삭막하기만 한 땅 위에 연둣빛으로 물든 잎을 떨어뜨려 마치 한 폭의 벨벳을 펼쳐 놓은 듯하다. 어떤 때는 소복이 쌓인 흰 눈 위에 화려한 모자이크가 되기도 한다.

수양버들의 참 모습은 잎을 다 떨어뜨린 그 다음부터이다. 살을 에는 찬바람을 맞으며 필요 없는 잔가지들을 떨어뜨린다. 누가 잘라주지 않아도 스스로 자신의 가지를 잘라내는 의연함을 보여준다. 그 의연함은 처절하기까지 하다.

사계절 내내, 신천을 걸으며 수양버들에 빠져든다. 봄에는 일찍 잎을 틔우는 그의 근면을 본다. 여름에는 잎을 풍성하게 피우는 그의 성실과, 큰 그늘을 만들어 주는 배려를 본다. 가을에는 가장 늦게 잎을 떨어뜨리는 그의 인내를 본다. 겨울에는 자신의 잔가지를 잘라 스스로 몸을 추스르는 의연함을 본다.

어디 그뿐인가. 평소 그의 자태에서 유연함과 겸손함을 보았다. 다른 수종에 밀리어 뽑히거나 베이거나 변두리로 내몰렸건만 불평 한마디 하지 않고 묵묵히 제 삶을 지켜가는 그에게서 군자의 삶을 보았다.

참, 이루기 어려운 바람이지만 수양버들 같은 사람이 되고 싶다.

몰랐던 함수函數

성공의 기회는 평생에 세 번 온다는 말이 있다. 기회가 왔을 때, 잘 다루어 잡느냐, 잡지 못하느냐에 따라 성공하는 사람과 그렇지 못한 사람으로 갈린다고 한다. 그 말대로라면 나는 기회를 잘 다루지 못한 사람임에 틀림없다. 이토록 곤고하게 사는 것이 그 증표 아니겠는가.

나의 첫 기회는 고등학교를 졸업하기도 전에 왔었다. 팝송을 좋아해 '동성로'의 레코드 가게를 매일같이 드나들다 보니 가게 주인이 군소재지에 지점을 하나 차려주겠다는 제의를 했다. 나이도 어렸거니와 학생의 신분이다 보니 당연히 응할 수 없었다.

다음 기회는 첫 직장에 나간 것이었다. 빈둥거리며 놀고 있던 나에게 가까운 친구가 자신이 근무하는 회사에서 같이 일을 하자고 제의해 나갔었고, 그 직장이 힘이 들어 더 좋은 직장으로 옮겨 갈 때도 같이 일했던 상사의 제의에 의한 것이었다. 그러고 보면 기회는 내게 적지 않게 온 것 같다.

그때까지의 기회는 자잘한 것이었고 본격적인 기회는 기계 제작을 하는 회사에 근무할 때였다. 납품을 하는 회사로부터 농기계 부품 하나를 개발해 달라는 제의였다. 여러 곳에 자문을 구해 결국 개발에 성공했다. 그것이 크게 성공하여 독립을 하게 되었고, 꽤나 재산을 모을 수 있었다.

그 다음의 기회는 이종 동생으로부터 온 것이었다. 공구상工具商을 하는 동생이 자신의 거래처인 주물공장에 채권이 있는데 그 액수만큼 주철(鑄鐵무쇠)을 가져 와야 했다. 그것으로 자기 가게에 필요한 작은 기계를 만들어 달라는 제의였다. 그 액수가 집을 몇 채나 살 수 있는 거금이었다. 땅 짚고 헤엄치는 것이나 진배없는 사업이니 마다 할 이유가 없었다.

그러나 그게 엄청난 오산이었다. 원재료 대금은 동생에게 나중에 결제해도 되지만 부재료나 가공비는 내 돈을 들여야 했다. 또한 완성된 기계 모두를 동생이 받아 줄 수 없다는 것도 몰랐다. 양이 엄청나게 많았기 때문에 여분의 제품은 모두 내 차지가 되었다. 기계의 판매도 예상 밖으로 어려웠다. 너무 좋은 조건의 제의인지라 차후의 것들을 사전에 계산하지 않았다. 이득을 보기는커녕 큰 타격을 입고 말았다.

다음은 전국을 상대로 하는 농기구 부품 도매업이었다. 생산자들이 공동으로 판매업을 해보자는 제의였다. 잘 아는 품목이기도 했고, 생산자들이 모였으니 단연 업계를 휘어잡을 것 같았다. 투자액도 그리 부담되지 않아 한 발을 슬쩍 담그고 말았다. 야금야금 들여놓은 내 제품이 점포 대부분을 차지하게 되었다.

그것이 큰 잘못이었다. 얼마간 시간이 지나자 투자자들이 한 사람, 두 사람 발을 빼는 것이었다. 부품 판매는 거의가 외상이었는데 수금이 제대로 되지 않았다. 이건 아니다 했을 때엔 이미 깊게 발을 들여 놓은 뒤였다. 결국 모든 지분을 떠맡게 되었고, 재산을 몽땅 날리고 말았다.

재산을 다 날리자 처남이 가구공장을 해 보라는 제의를 했다. 만드는 것을 좋아하는 내가 마다 할 이유가 없었다. 처남은 간단한 기계 몇 대와 창고 귀퉁이를 빌려 주었고, 자신의 생산 품목까지 넘겨주었다. 나로서는 호박이 넝쿨째 굴러 오는 것이나 진배없었다.

그러나 막상 제품을 만들어 놓으니 판매가 되지 않았다. 땅 짚고 헤엄치는 사업인 줄 알았는데 그게 아니었다. 그 제품은 이미 한계에 와 있었던 것이었다. 다른 제품을 개발하지 않으면 다시 파산할 처지가 되고 말았다. 궁리 끝에 제품의 디자인을 확 바꾸어 버렸다.

운이 따라주었던지 새 모델의 반응은 폭발적이었다. 판매점들이 물건을 달라고 아우성이었다. 물건이 없어서 팔지 못하는 지경이었다. 거의 몇 년간 야간작업을 해야 했고, 그 덕분에 지금 이 정도나마 살 수 있게 되었다.

이처럼 내게도 세 번이 아니라 여러 번의 기회가 왔었다. 가만히 보면 그 기회들은 모두 가까운 곳으로부터 왔었다. 작게나마 신뢰가 있었던지 감사하게도 그분들은 기회를 주었다.

이즘에서 기회도 많은 조건을 갖추어야 온다는 것을 깨닫는다. 우선, 기회를 잡으려면 그것을 줄 수 있는 사람들이 곁에 있어야 한다는 것과, 신뢰가 있어야 하고, 용기가 있어야 한다.

기회를 줄 사람을 곁에 두려면 사교의 폭이 넓어야 한다. 그리고 그들에게 신뢰를 얻으려면 그 분야의 지식은 당연한 것이고, 열정, 성실, 책임감이 있어야 한다.

용기가 필요하다는 것은 과단성이 있어야 한다는 말이다. 사업의 제의를 받아 놓고 미적거리면 기회는 훌쩍 날아가 버리기 때문이다.

돌아보니 나는 이제껏 겨우 두 번의 기회를 잡았을 뿐이다. 부품 개발이란 기회를 잡아 일어섰지만, 치밀한 계산을 하지 않은 기계제작과 도매업으로 많은 것을 날려 버렸다. 마지막으로 아이디어가 적중한 가구제조의 기회를 잡아 겨우 이 정도나마 버티고 산다.

기회와 준비의 함수를 이제 알았으니 한 번 더 기회가 온다면 확실하게 잡을 자신이 있다. 그러나 나이가 들어 열정과 과단성이 다 식어버렸으니 그저 원통할 뿐이다.

오래된 버릇

　맛있는 요리를 하고 있다. TV 속 음식이 먹음직스럽다. 요즘 요리를 하는 프로그램이 참 많아졌다. 방송국마다 요리하는 프로그램이 없으면 문을 닫아야 할 지경이 되었다.
　이런 현상은 시청자들의 호의적인 반응 때문일 것이다. 시청자들은 왜 요리 프로그램을 좋아할까. 시시각각 음식이 만들어지는 과정을 보게 되고 완성된 음식을 확인하며 대리만족을 하는 때문인지도 모르겠다.
　나는 남자이면서 요리하는 프로그램을 즐겨 본다. 그 과정이 무척 재미가 있다. 단순한 재료가 화려한 음식으로 변해가는 과정이 신기하기 때문이다. 때로는 신출귀몰한 아이디어가 여기저기서 튀어나오기도 하여 감탄을 한다. 출연자들의 과학적 지식과 응용력도 대단한 것 같다. 음식이 만들어지는 모습을 보며 늘 따라 해보고 싶은 충동을 느끼곤 한다.

　나도 어렸을 때부터 무언가 만들기를 즐겨했다. 손재주는 없었지만 많은 것들을 만들었다. 또한 제품을 만드는 직장에서 오랫동안 근무하기도 했다. 만드는 작업은 힘이 들지만 무척 재미가 있다. 한 단계 한 단계 물건이 완성되어 가는 것을 보고 있노라면 희열을 느낀다. 마치 내가 살 집을 지을 때처럼 설렘이 있어 몰입하게 되는 때문이다.

　한때, 가구 제작을 하는 작은 공장을 운영했었다. 가구 제조업이란 어려운 사업이다. 하나의 모델을 오랫동안 생산하기가 쉽지 않다. 소비자는 같은 모델을 보는 것을 싫어하기 때문이다. 그러므로 생산자는 늘 새로운 모델을 개발해야만 살아남을 수 있다.

　새 모델을 만드는 기간에는 그렇게 즐거울 수가 없다. 종일토록 제품을 주물럭거리다 집에 돌아와서도 내일은 어떤 모습으로 나타날까 하며 머리로 그림을 그렸다. 그 변한 모습이 빨리 보고 싶어 다음날 아침 출근이 자못 기다려졌다.

　그러나 새 모델의 개발은 쉽게 되는 것이 아니다. 각종 잡지를 훑는 것은 물론 시장조사를 해야 한다. 시중의 가구점 순례는 물론이요 백화점 탐방, 심지어 해외 가구전시회에도 나가봐야 한다. 그것만인가. 아이디어가 떠오르면 꼼짝 않고 설계를 해야 하고, 작업 중인 종업원을 차출하여 시제품을 만들어야 한다. 그럴 때마다 순조롭게 진행되는 생산라인을 일시나마 정지시키니 손실도 감수해야 한다. 그러나 신세계를 발견하는 재미에 빠지면 손실 따위는 안중에도 없다.

가구를 만들다가 지금은 수필에 푹 빠져 지낸다. 수필을 쓰면서 가구를 만들던 그때와 꼭 같은 설렘과 재미를 느낀다. 둘 다 만든다는 공통점이 있기도 하지만 가구와 수필이 너무나 닮은 점이 많은 때문이다. 아이디어를 내어 대상을 정하고 설계를 하여 실제 제작에 들어가는 것이 꼭 같다.

가구를 만들 때처럼 침대에 누워 있어도 글 속의 내용들이 머릿속에 그려진다. 눈을 감고 있는데도 작품이 한눈에 훤히 들어온다. 마음에 들지 않는 부분이 짚이면 도려낼까, 표현을 달리해볼까 궁리를 한다. 좋은 아이디어가 떠오르면 막 잠자리에 들었건만 아침이 기다려진다.

가구나 수필이나 만드는 것은 모두 야릇한 설렘과 재미를 준다. 자신이 고안해 낸 아이디어로 모양을 갖추고, 그것이 변해가는 모습을 보며, 완성된 작품을 바라보노라면 보람을 느끼지 않을 수 없다.

나아가 독자에게 좋은 평을 듣게 되면 더할 수 없는 희열을 느낀다. 그 맛에 길들여져 틈만 나면 컴퓨터를 끌어안고 있다. 그러니 가구를 만들 때처럼 옆에서 콩이 튀는지 팥이 튀는지 알 길이 없다.

버티기와 견디기

버티기와 견디기는 차이가 있을까?

'버티다'의 사전적 해석은 '어려움을 참고 견디거나 당해 내다'이다. '견디다'의 사전적 해석은 '시련이나 고통을 참아내다'로 되어 있다. 언뜻, 그 말이 그 말처럼 보인다.

그런데 버티기와 견디기를 곰곰 새겨 보면 차이가 있어 보인다. 버티기는 극복하는 대상이 어려움이고, 버티기는 시련과 고통이다. 그러니 버티기가 한 단계 더 높아 보인다.

글자를 보아도 버티기의 ㅂ자는 충격을 받으면 쓰러질 듯 보이는 모양새다. 그러나 견디기의 ㄱ자는 다가오는 시련과 고통을 삼킬 듯한 모양새다.

어감으로도 버티기는 버둥거리는 감이 없지 않다. 그러나 견디기는 날을 세우고 올 테면 와라 하는 비장감마저 감돈다.

그래서 버티기보다는 어쩐지 견디기가 강하게 다가온다.

우리는 "버티어 봐!"라는 말을 자주 쓴다. 자리에서 물러나지 말라는 뜻일 게다. 그 말 속에는 언젠가는 밀려 나더라도 그때까지는 참아보라는 뜻이 함뿍 담겨 있다.

어릴 때는 대체로 버티기의 연속이다. 공부가 재미없고 하기 싫어도 책상에서 버티어야 한다. 친구들로부터 따돌림을 당하거나 두들겨 맞아도 버티어야 한다. 좋은 대학에 가지 못해 멸시를 받아도 버티어야 한다. 군대의 기합이 아무리 세도 버티어야 한다.

그러나 결혼을 하여 가정을 꾸리고부터는 버티기로는 모자란다. 상사의 잔소리가 듣기 싫어도 견뎌내야 한다. 돈 벌기가 아무리 힘들어도 직장에서 견뎌내야 한다. 아내의 잔소리가 아무리 심해도 견뎌내야 하고, 능력 없는 남자라며 구박을 해도 견뎌내야 한다.

더 나이가 들면 견디기의 절정으로 치닫는다. 사는 재미가 없고 왜 사는가 싶은 생각이 들어도 견뎌내야 한다. 자식들이 속을 썩이고 무시해도 견뎌내야 한다. 늙어 병이 들어 고통스러워도 어떻게 하든 견뎌내야 한다.

이처럼 젊었을 적엔 무엇이든 버티기로 대응할 수 있다. 고통과 시련까지도 버티기로 이겨낼 수 있다. 버티다 넘어지면 다시 일어날 수 있다. 아직 힘이 남아 있기 때문이다.

그러나 나이가 들어서는 사정이 달라진다. 작은 어려움도 시련과 고통으로 느껴진다. 그러니 버티어서는 안 된다. 어쨌든 견뎌내어야만 한다. 넘어지면 일어날 힘이 더는 남아 있지 않기 때문이다.

인생이란 결국, 버티어내는 것으로 마감된다.

염소탕 한 그릇

외출에서 돌아와 보니 우편함에 우편물이 가득 꽂혀 있다. 그 속에는 며칠 전에 보낸 내 수필집도 되돌아와 있다. 두 번씩이나 보냈건만 또 돌아온 것이다. 역시나 겉봉에는 '주소지에 수취인 없음'이라는 노란 꼬리표가 붙어 있다.

얼마 전, 두 번째 수필집을 발간했었다. 발간 기념회다 뭐다 해서 두서가 없다 보니 책을 부치지 못한 곳이 있었다. 그 문우가 발송 목록에 빠져 있어서 부치지 못했는데, 문득 생각이 났던 게다. 다른 곳은 몰라도 그 문우에게만은 꼭 책을 보내고 싶었다. 여기저기 주소록을 뒤져 어렵게 발송했었다.

며칠 후, 그 책은 수취인 불명으로 되돌아왔었다. 연락을 시도해 보았으나 전화번호가 바뀌었는지 통화도 되지 않았다. 다시 문우들에게 수소문하여 어렵사리 다른 주소를 알아내어

두 번째 발송을 했었다. 그런데도 이렇게 수취인 불명으로 되돌아왔다.

그를 처음 만난 것은 이태 전 도서관에서였다. 그는 수필강좌를 수강하러 왔었다. 지인으로부터 소개를 받고 왔다며 먼저 다가와 호기롭게 인사를 했었다. 후줄근한 작업복 차림에 한쪽 다리에 깁스를 한 채 목발을 짚고 왔었다. 열정이 대단한 사람이구나 싶었다.

그는 육십 대 초반으로 보였는데 군살이 붙지 않아 실제보다 키가 커 보였고, 약간 검게 그을린 갸름한 얼굴이었다. 말투도 그러했지만 커다란 눈이 선한 사람임을 말해 주었다. 하지만 서늘한 눈빛으로 봐서는 많은 사연을 가진 듯했다.

그는 질문이 많은 수강생이었다. 뒤풀이하는 자리에서 주역에 관심이 많다고 했다. 강좌를 들으러 온 것도 그런 쪽의 글을 쓰고 싶어 왔다고 했다. 어쨌든 그는 강좌에 심취했고 열정적이었다.

한번은 강의가 끝났는데도 돌아가지 않고 서 있었다. 무슨 일인가 했더니 검은 비닐봉지를 내밀었다. 봉지에는 머윗대가 들어 있었다. 지난 강의 때 졸작 〈머윗대찜〉이라는 작품의 집필 동기를 소개했더니, 일부러 이웃의 텃밭에서 얻어 왔다고 했다. 그는 유난히 흰 이빨을 드러내 보이며 크게 웃었다.

그는 주기적으로 습작품을 제출했다. 그의 작품은 대체로 현 세태를 비판하는 내용들이었다. 문장은 그런대로 격을 갖추어 갔지만 대게의 작품은 주제를 선명하게 드러내지 못했다. 그러나 의욕만큼은 남달랐다.

그러던 어느 휴일이었다. 전화를 걸어 온 그는 자기 집 근처 식당에서 점심 대접을 하고 싶다고 했다. 예전처럼 정중히 사양을 했다. 하지만 그는 한사코 고집을 부렸다. 일전에도 몇 차례 사양을 했기에 더는 매정하게 거절할 수 없었다.

그가 안내한 시 외곽의 감나무가 많은 식당으로 갔었다. 누추한 곳에서 대접하여 면구스럽다고 했다. 고급 음식점이 아니어서 오히려 내 마음은 편안했다. 감나무 아래의 평상에 앉자마자 그는 염소탕을 시켰다. 영양 보충에는 이것만 한 게 없다며 호탕하게 웃었다. 무덥던 한여름, 그와 나는 얼굴을 맞대고 뜨신 염소탕을 땀을 뻘뻘 흘리며 먹었다.

식사를 하며 자신의 신상에 대해 거침없이 풀어놓았다. 부인과는 이혼을 하고 혼자 살고 있고, 하나 있는 아들은 군에 가 있다고 했다. 직업은 뚜렷한 것이 없고 여기 저기 부르는 곳에 가서 일을 해주어 생활비를 마련한다고 했다. 처음 강좌에 깁스를 한 채로 왔던 것을 이해할 수 있었다. 빨래와 식사 해결이 가장 고역인데, 아들이 제대를 하면 모든 것이 좋아질 것이라며 크게 웃어보였다.

그는 이혼한 부인의 이야기도 남의 이야기하듯 담담하게 풀어놓았다. 또 자신이 불행하다는 생각은 한 번도 해 본 적이 없다고 했다. 열정적인 이면에 그런 그늘이 있다는 것을 알자 연민의 정을 느끼지 않을 수 없었다.

　강좌를 수료한 그는 동아리에 가입을 했었다. 한동안 나오던 그가 어느 날부터 잘 보이지 않더니, 이듬해 봄이 되어서야 해쓱한 얼굴로 나타났다. 떼꾼해진 눈을 껌벅이며 그동안 뇌경색을 앓았다고 했다. 갈빗집에서 숯불 피우는 아르바이트를 하며 유독가스를 마신 탓이란다. 몇 푼 모아 두었던 돈을 모두 치료비로 날렸다며 그는 물색없이 웃었다.

　그 후, 띄엄띄엄 월례회에 나오기는 했지만 작품은 쓰지 않았다. 그의 수척한 얼굴을 보며 언제 한 번 그와 함께 염소탕집을 가야 할 텐데 하면서도 그것이 잘되지 않았다.

　그렇게 간혹 얼굴을 내비치던 그가 어느 때부터 보이지 않았다. 동료들에게 그의 근황을 물어봤지만 모두 알지 못했다.

　계단을 오르며 우편물의 노란 딱지를 떼어내자 우편물 봉투에 웃음기 사라진 그의 얼굴이 비친다. 건강은 좋아졌을까, 무엇을 하며 생활비를 마련하고 있을까, 아들은 제대를 했을까, 글은 쓰고 있을까, 모든 것이 궁금하다.

　그가 이 책을 받아 보았으면 좋아했을 것이다. 책을 받아들고서는 곧 바로 축하한다는 연락도 했지 싶다. 만약 통화가 되었으면 나는 만사를 제쳐놓고 그에게 뜨신 염소탕 한 그릇 함께하러 갔으리라.

일찍 마음 쓰지 못한 것이 이렇게 후회될 줄이야.

에베레스트 오르기

 귀가 번쩍 뜨이는 말들이었다. 느지막이 아침 식사를 끝내고 TV를 보는 중이었다. 그 프로그램은 전국의 이름난 스타 강사들을 초대한 토크 쇼였다. 내용은 그 사람들이 하는 강의의 특성과 어떻게 하여 그런 실력들을 갖추었는가에 맞춰져 있었다. 모두 각고의 노력으로 그 분야의 대가들이 된 것 같았다. 그런데 이상한 공통점을 발견하게 되었다.
 처음에는 그 출연자들이 모두 평범한, 아니 오히려 조금 모자란 실력의 소유자들이었다는 점이다. 또 하나는 그 사람들은 하나같이 어떤 특별한 계기가 있어서 그토록 열심히 노력하게 되었다는 점을 발견하게 되었다.
 한 사람은 초등학생 때 따돌림을 당했던 학생이었다고 했다. 어찌나 약골이었던지 쉬는 시간에 화장실도 가지 못했다. 교실을 벗어나기만 하면 두들겨 맞았기 때문이다. 그런데 그 사람은 중요한 사실을 발견했다. 공부를 잘하는 친구들은 따돌림을 당하지 않고 맞지도 않는다는 것을 알게 되었다. 그래서 공부를 열심히 하기로 결심했다고 했다.

그런데 그는 원래 성격이 산만하여 의자에 5분을 앉아 있지 못했다고 했다. 그래서 동생에게 밧줄로 자신의 몸을 묶어 달라고 하여 공부를 하였다. 얼마나 절박하여 그렇게까지 열심히 했겠는가. 그 사람의 각오와 노력이 짐작되었다.

또 한 사람은 미국 유학을 간 사람이었다. 어느 정도 영어를 할 줄 아는데 강의의 2프로도 알아듣지 못했다. 그런 와중에 갑자기 집안 사정이 어려워져 유학을 단기간에 끝내지 않으면 안 되는 상황이 되어버렸다.

방법을 연구한 끝에 강의를 녹음하기로 했다. 그것을 집에 가지고 와 밤 새워 해석을 하고 복습을 했다. 그래도 겨우 10프로밖에 이해하지 못했다. 그러나 끈질긴 노력 끝에 결국 영어의 도사가 되었다.

한 사람은 공무원 시험을 준비했던 분이었다. 몇 번이나 낙방이라는 고배를 마셨기에 식구들에게 면목이 없었다. 그래서 이번만은 기필코 관문을 통과해야 한다는 절박함이 있었다.

그분은 아예 책을 다 외웠다고 했다. 수업이 끝나면 복습을 하고 집에 와서는 다른 노트로 옮기고, 다음 날 아침 다시 노트를 들여다보며 복습을 하고 그렇게 하다 보니 내용을 다 외울 정도가 되었다. 그분은 나중에 자기만의 외우는 요령까지 터득했다고 했다.

나는 그 토크 쇼를 보며 그 사람들 모두 절박한 사정이 있었고, 그것이 동기부여가 되었다고 생각했다. 그 동기부여가 바로 그분들을 지금의 스타 강사로 만든 셈이다.

수필강좌를 수강하는 것도 그와 같지 않을까. 그저 취미로 문학을 하는 것과, 어떠한 일이 있어도 작가로 등단을 하여 책 한 권을 출간해야 한다는 마음가짐은 엄청난 차이가 난다.

수필강좌에 많은 분들이 수강을 한다. 수강하는 동안 몇 편의 작품을 써내고 홀연히 떠나는 분들이 있다. 자신의 작품이 일정 수준에 미치지 못한다고 스스로 포기하는 경우이다. 그런데 처음엔 좀 모자라는 작품을 쓰지만 끈질기게 쓰는 분들이 나중에 작가가 되는 것을 많이 보아왔다.

그분들을 보며 수필은 과연 끈기의 문학이구나 하는 것을 실감했다. 그런데 그런 끈기는 도대체 어디서 오는 것일까? 그것이 늘 궁금했었다. 그런데 오늘 방송을 보면서 그것이 동기부여라는 것을 깨닫게 되었다.

무슨 일에서나 스스로 동기를 부여 해야만 끈기가 생겨나는 것이리라. 어떻게 하든 나는 등단을 하고 말 거야. 아니면 어떻게 하든 나는 글을 익혀서 죽기 전에 책 한 권을 펴내고 말 거야. 이런 동기부여를 해야만 스타 강사들처럼 성공할 수 있다는 생각이 들었다.

등단을 한다고, 책을 펴낸다고 그게 뭐 그리 대단한 것인가 하겠지만 그렇지 않다. 등단을 하고 책을 펴내는 것도 결코 아무나 할 수 있는 것은 아니다. 아직도 극히 일부만이 자신의 책을 가지는 실정이다. 그렇게 어려우니 한 번 도전해 볼 만한 가치가 있지 않을까.

남들보다 특별히 잘하는 것이 하나 있으면 왠지 자부심과 긍지가 생겨 당당해진다. 그 대상이 어려운 것일수록 더 당당해진다. 그것은 마을의 앞산을 오른 사람과 에베레스트를 오른 사람의 차이와 같지 않을까. 동기부여는 에베레스트도 오르게 한다.

청개구리

　청바지를 하나 샀다. 천이 얇은 여름용 청바지다. 봄과 가을용은 몇 개나 있지만 여름에 입을 것이 없어 하나 사게 되었다.
　요즘은 거의 청바지를 입고 외출하는 편이다. 전에는 한 번도 입지 않았는데 생뚱맞게도 칠십에 이르러서야 청바지를 입게 되었다.
　이전에는 늘 양복차림이었다. 결혼식이나 조문을 갈 때는 넥타이를 갖추어 매는 정장차림이었다. 각종 행사에도 정장을 하는 편이다. 그냥 모임에는 정장은 하지 않았지만 신사복 바지에 콤비나 점퍼차림이었다. 그런데 이렇게 청바지를 입고 보니 편하기 그지없다.
　나처럼 평생 청바지 한 번도 입지 않은 사람도 드물 것이다. 젊어서부터 청바지를 한 번도 입지 않았다. 체형이 청바지와 맞지 않았기 때문이다. 배가 불룩 나와 아예 엄두도 내지 않았다.

청소년 시절에도 어른 흉내를 내고 싶어서 양복을 입었다. 남들이 볼 때 애송이로 보는 게 싫었기 때문이다. 그래서 늘 신사복 차림이었다. 직장에 나가고부터는 더더욱 신사복을 입었다. 작업복에 진저리가 나서 양복을 갖추어 입었다. 그래서 나와 청바지와는 애당초 인연이 없었다.

그런 내가 청바지를 입게 되다니 나 스스로도 이해가 되지 않는다. 내가 청바지를 입게 된 것은 '무라카미 하루키'가 야구장에서 3루 쪽으로 날아가는 공을 쳐다보고 소설을 써야겠다고 결심한 것과 비슷하다. 굉음을 내며 내 앞을 가로질러 쏜살같이 내달리는 오토바이를 보는 순간, 청바지를 입어야겠다는 결심을 했다. 더 늙기 전에 입지 않으면 영원히 입지 못할 것 같은 그런 기분이 들었다.

그 동기는 사춘기 소년 같은 일종의 반항 같은 것이지 싶다. 젊어서 입지 못했으니 늙어서나마 입어보고 싶은 초조한 심리가 작용한지도 모른다. 본래 나이가 들면 괜히 원색의 옷을 입고 싶어진다지 않던가. 아마 그런 것들이 혼합된 것이리라.

처음엔 어색하여 쭈뼛거리며 집을 나서곤 했다. 늙어 주책이라 할까봐 눈치도가 보였다. 그러나 편한 것이 눈치보이는 걸 차츰 묻어버렸다. 주위의 격려도 한 몫 하여 결국 내쳐 입기로 작정을 했다.

 청바지는 다림질하여 줄을 세우지 않아도 된다. 구두를 신지 않아도 된다. 윗도리에 무엇을 입을까 신경 쓰지 않아도 된다. 아무렇게나 앉아도 구겨지지도 않는다. 그래서 청바지가 좋다. 이참에 청바지에 어울리는 청 조끼를 하나 살까 보다.

거인巨人들

두 형제의 치열한 싸움이 연일 보도되고 있다. 아버지의 회사를 서로 차지하겠다는 재벌 2세들의 다툼이다. 양자 간의 다툼은 피를 나눈 형제라고 보기 어려운 지경이다. 돈이 아무리 좋기로서니 그렇게까지 해야만 하는가.

이들 형제의 짜증나는 싸움이 보도되는 가운데 보란 듯이 '페이스북' 소유주 '마크 저커버그'가 딸 출산 소식을 듣고 자신의 보유 지분 99%를 사회에 기부한다고 발표한다. 지난해 '워렌 버핏' 회장이 기부한 35조 원보다 더 많은 무려 52조원에 달하는 거금이다. 이렇게 대비되는 뉴스를 대하자 영화의 한 장면이 떠오른다.

〈자이언트〉라는 영화가 있었다. 이 영화는 미국 텍사스에

실존했던 인물의 일대기를 기초로 한 작품이다. 당시로서는 엄청난 제작비를 들여 화제가 되었고, 아카데미상까지 수상한 명작이다.

영화는 거대한 텍사스의 목장에서 시작된다. 자동차로 한 바퀴 도는 데 이삼 일이 걸릴 정도의 방대한 땅. 철로가 지나가고 소유주의 이름으로 된 기차역이 있는 목장. 바로 그 목장을 소유한 '빅 베네딕(록 허드슨)'가의 살아가는 이야기였다.

거대한 목장, 어마어마한 저택, 극중 인물의 이름도 '빅', 몸집도 빅, 등장하는 모든 것들이 자이언트라 할 만했다. 그러나 내가 영화 〈자이언트〉에서 가장 인상 깊게 본 큰 것은 다른 것이다.

'빅'은 아들에게 목장을 맡기려고 어렸을 때부터 말 타기를 열심히 가르쳤다. 그러나 성인이 된 아들은 아버지의 뜻과 달리 의사가 되겠다고 한다. 그 말에 '빅'은 크게 실망한다. 개척자 3대를 내려오며 피와 땀으로 이루어 놓은 텍사스 최대의 목장이 아니던가. 그런 목장을 아들이 물려받지 않겠다고 하자 '빅'의 실망은 이만저만이 아니었다.

그는 다시 사위에게 이 목장을 물려주겠다고 한다. 그러나 사위도 장인의 제의를 거절한다. 사위는 비록 작은 목장에 그칠지라도 스스로 자신의 목장을 일구겠다고 한다. 그래야만 성취감을 가질 수 있다며 정중히 사양한다.

실망한 '빅'은 아내에게 자신의 삶은 실패했다고 한탄한다. 그러자 아내 레슬리(엘리자베스 테일러)는 고개를 저으며 그렇지 않다고 한다. 당신은 이 목장만을 생각하고 그렇게 말하겠지만 먼 미래를 내다본다면 분명 다를 것이라 한다. 자기가 하고 싶은 일을 찾아 떠난 애들은 이 목장보다 더 큰 '베네딕가'를 이루며 성공할 것이라 한다.

영화의 그 라스트 신이 무척 인상적이었다. '레슬리'의 그 대사처럼 미국은 크게 성공했다. 그 자식들은 부모의 재산을 바라지 않고 오로지 자신의 노력으로 자기의 것을 이루려 했다. 그 결과 훌륭한 과학자, 실업가, 예술가, 정치가들이 나왔으리라.

이러한 자립정신 덕분에 미국은 전 세계 군사력 1위 경제력 1위의 나라가 되었다. 그것만이겠는가. 더 놀라운 것은 미국은 부富를 나누는 것까지 개척해 나가고 있는 것이다. 이번의 마크 저크버그, 워렌 버핏 이 두 사람만 기부를 한 게 아니다. 마가렛 카길, 윌리엄 디트리히 2세, 데이비드 돈시프, 돈 모크, 조지 소로스, 마이클 블룸버그, 빌 게이츠 등 그 외에도 수많은 이들이 기부에 앞장을 섰다.

이처럼 미국의 국민은 기부가 하나의 일상적 삶이 되고 있다. 아무렴, 그들이 누구인가. 부모가 물려주는 그 거대한 목장을 일언지하에 사양했던 후예들이 아닌가. 소인배처럼 아버지의 사업체를 서로 갖기 위해 안달하는 형제에 비해 이들이야말로 진정한 자이언트임에 틀림이 없다.

참으로 숫되다

걱정도 팔자인가 보다. 하지 않아도 될 걱정을 끌어안고 있다. 분양 받은 아파트를 매물로 내놓았으나 팔리지 않아 잠을 이루지 못한다. 여윳돈으로 했으면 무슨 걱정일까. 대출을 받은 것이라 매월 이자를 꼬박꼬박 물어야 한다. 속을 썩이려는지 전세도 나가지 않는다. 아직 부근에 편의시설이 되어 있지 않아 그렇단다.

아들이 지방 소도시에 근무하게 되었다. 마침 살림도 내보내야 했으니 아파트를 하나 분양 받아야 했다. 분양 신청을 하러 새벽에 일어나 두 시간이나 걸리는 그곳까지 갔다.

모델하우스 앞에는 이른 시각인데도 분양신청을 하기 위해 이미 길게 줄을 서 있었다. 아직 문도 열지 않는데도 법석이었다. 그렇게 줄을 서 있으려니 얼마지 않아 몇 겹의 기다란 줄이 형성되더니 문을 열 때쯤에는 인산인해를 이루었다.

문을 열자 한 사람씩 안으로 입장을 했다. 그때부터는 난리가 났다. 줄에 끼어드는 사람들 때문에 고성이 오고갔다. 조금 전까지 줄에 서 있다가 잠시 화장실에 다녀왔다는 사람, 사전에 자리를 부탁했다는 사람, 가지가지 이유를 대었다. 그 사람들 때문에 뒤로 밀리는 사람들은 가만히 있지를 않았다. 먼저 들어가게 되면 좋은 층을 분양받을 수 있기 때문이었다. 처음 겪는 일인지라 그런 모습들이 신기했다.

난리법석은 그것으로 끝나지 않았다. 분양을 받아 나오는 사람들에게 전매를 하라는 사람들이 여기저기 설치고 다녔다. 위치가 좋은 매물은 그 자리에서 가격이 뛰었다. 그 매물도 서로 사겠다고 난리법석이었다. 업자들 간에 멱살을 잡는 싸움도 여기저기 일어났다. 그 광경을 보며 회심의 미소를 지었다. 새벽부터 설쳤으니 순서는 비교적 빠른 편이었기 때문이다. 예상대로 괜찮은 층을 골라 분양 수속을 하고 돌아왔다.

집에 와서 분양사무실의 분위기를 이야기하니 아내와 아들이 하나 더 분양을 받자고 했다. 이제껏 투기 같은 건 모르는 사람으로서는 선뜻 응할 수 없었다. 아들이 다른 곳에서 들은 정보에 의하면 분양을 받으면 프리미엄 몇 백이 붙는다며 적극 권했다. 현장 분위기를 직접 느끼고 왔는지라 아들과 아내의 말이 맞는 듯도 싶었다.

다음 날, 다시 먼 길을 가서 아파트 한 채를 더 분양 받았다. 어제보다 더 좋은 층이 걸렸다. 어제 그 북새통에 어떻게 아파트가 남아 있을까 하는 생각을 미처 하지 못했다. 희희낙락하며 돌아왔다.

중도금은 은행에서 대출해주니 별 문제가 없었다. 현장에서 분양받은 층과 호수를 보고 프리미엄이 붙으면 연락하겠다던 부동산 중계소에서는 도무지 소식이 없었다. 이쪽에서 연락을 하면 조금만 기다려보자는 대답뿐이었다.

그럭저럭 막대금을 치를 날이 다가왔다. 막대금을 제때 치르지 않으면 어마무시한 가산금이 붙는다는 계약서의 조항이 눈을 찔렀다. 어쩔 수 없이 담보를 하고 대출을 내어 막대금을 치를 수밖에 없었다.

분양 받은 지가 1년이 다 되어 가는데도 아파트는 팔리지 않는다. 프리미엄은 고사하고 분양가보다 낮게 내어놓아도 팔리지 않는 아파트 한 채를 끌어안고 있다. 오늘도 대출금 이자는 어김없이 통장에서 빠져나갔다.

지금 생각하니 분양하던 그날에 새치기를 하던 것, 프리미엄을 더 주겠노라며 귓속말을 하던 것, 좋은 층을 잡은 사람과 먼저 구두 계약을 했다며 중개사들이 멱살을 잡은 것, 모두가 짜고 치는 고스톱이었다. 아파트 업자들의 농간에 놀아난 꼴이 되고 말았다.

산전수전 다 겪었으니 누가 어떤 유혹을 해도 넘어가지 않는다며 이제껏 자부하며 살았다. 알 것 다 아니까 결코 속지 않는다며 큰소리치며 살아왔다. 그런데 간교한 업자들의 농간에 그만 어설프게 넘어가고 말았다.

그런데 우리가 속는 것은 이런 물건을 사고파는 것에만 있는 게 아니다. 사람과 사람이 만나 정을 쌓고 미래를 약속하는 것에 오히려 더 많다. 어리석고 순진한 사람은 언제나 간교한 사람들의 표적만 될 뿐이다.

한 발 비켜서면

피겨 스케이팅의 여왕 '김연아'의 경기를 보면 놀라지 않을 수 없다. 가슴을 졸이게 하는 순간순간에도 여유를 엿볼 수 있기 때문이다.

어느 날, 김연아의 인터뷰를 본 적이 있다. 경기가 짧기 때문에 긴장되어 고통스럽지 않느냐고 기자가 물었다. 김연아는 그 질문에 피를 말리는 긴장이 있지만 이제는 3분 동안을 그냥 즐긴다고 했다.

피나는 훈련과정이 소개되었기에 그의 말을 이해하기 어려웠다. 그러나 그런 고통 속의 훈련도 쌓이고 쌓이면 세계의 정상에 우뚝 서고, 즐기는 경지에도 이르는가 보다며 감탄했다. 그 인터뷰를 보는 내내 일본 최고의 검객 '미야모토 무사시'가 겹쳐 보였다.

'무사시'는 작은 무가의 출신이었고 출세를 하고자 세키가하라 전투에 참가했다. 그러나 그 전투에서 패하고 만다. 출세의 발판마저 잃고 그는 전국을 방랑하게 된다. 그러나 그는 검술만큼은 자신이 있었다. 부딪치는 검객마다 결투를 마다하지 않았다. 물론 결투에서 매번 그가 이긴다. 그는 희열을 느낀 나머지 점점 결투에 빠져든다. 걸출한 검객이 있다는 소문만 들으면 어디든 갔다. 겨루어 보고자 함이었다.

그처럼 그는 검술에 광기마저 보였다. 그의 목표는 오로지 일본 최고의 검객이 되는 것이었다. 그는 그것을 위해 하나밖에 없는 목숨을 걸고 싸웠다. 그러던 그가 한 스님을 만났다. 그는 그 스님으로부터 '도'라는 깨달음을 얻었다. 그 이후 그에게는 많은 변화가 일어났다. 그는 이제까지와는 달리 검술을 즐기게 되었다.

김연아도 여왕의 자리에 오르기까지는 차가운 얼음판 위에 엉덩이를 찧는 수많은 시행착오를 겪었을 것이고, 무사시도 일본 최고의 검객이 되기까지는 수없이 칼에 베이고 살점이 떨어져 나가는 부상을 당했다.

찬찬히 생각하니 수필쓰기도 그와 같다는 생각이 들었다. 수필가들도 주위의 문우들보다 더 좋은 글을 쓰고 싶어 밤을 하얗게 밝히며 각고의 노력을 기울인다. 어느 수준에 이르면 이곳저곳에서 주는 상도 욕심을 내어 보고 종내에는 대가의 소리를 듣고 싶어 한다.

　그것이 어디 쉬운 일인가. 그리되기 위해서는 남다른 아이디어를 짜내어야 하고 끝없는 문장 수련이 뒤따라야 한다. 그것만이던가. 자신의 글이 도마 위에 올라 수없이 난도질을 당해야만 높은 경지에 오를 수 있다.

　갈등은 언제나 현실과 이상의 괴리로 인해 일어난다. 나 또한 내 글이 부족하고 못난 듯하여 늘 불만이고 부끄럽게 여기며 글을 쓰고 있다. 그것들이 항상 마음 저 밑바닥에 깔려 있으니 상시 불편한 게 사실이다.

　그런데 그 인터뷰를 보며 큰 깨달음을 얻게 되었다. 김연아 무사시처럼 한 발 비켜서서 그냥 즐기기로 마음먹었다. 대가의 소리를 듣기 위해 그러는 것은 결단코 아니다. 그냥 자유롭게 즐기고 싶어서이다.

　솔직히 말해서 무림의 고수들이 하나둘이 아니요 천지사방에 널려 있지 않은가. 나이가 들어 겨룰 힘이 남아 있지도 않거니와, 그들과 싸워 칼로 베이고 살점이 떨어져 나가는 고통을 감내할 자신이 없기 때문이다.

4부

기氣를 읽는다
화장과 면도
이헌령비헌령
참소주와 참이슬
맞대응
주머니에 든 행복
오늘도 이발소에 간다
총銃 이야기
값진 선물
그 흐린 날의 바람

기氣를 읽는다

광장의 촛불 시위를 본다. 200만의 군중이 촛불을 켜들고 함성을 지른다. 그들에게서 엄청난 기氣가 느껴진다. 최고 권력자를 자리에서 내려오라고 외치는 것은 기가 약해서는 할 수 없는 일이다.

그런데 끄떡도 않고 버티는 권력자의 기 또한 엄청나다. 어지간한 사람은 자리에서 물러났을 텐데 꿈쩍도 않는다. 이런 현상은 우리 민족이 가진 기氣 때문이다.

≪조선실록≫에도 많은 기록들이 있다. "상감마마, 그것은 아니 되옵니다!", "전하, 체통을 지키시옵소서!"라고 하지 않던가. 목숨을 걸고 절대군주에게 맞서는 것을 보면 우리의 기가 얼마나 강한지 알 수 있다.

기는 무엇인가? 기는, 에너지 또는 에너지의 흐름을 말한다.

기가 세다는 것은 우리의 몸에 강한 에너지가 흐르고 있다는 말이다. 그 에너지는 어디서 오는 것일까. 어느 학자는 백두산 천지에서 나온다고 했다. 해발 이천여 미터의 높이에 있는 천지에 40억 톤의 물이 저장되어 있다. 이 물 중에 10억 톤의 물은 땅에서 솟아난다고 한다. 이 물을 해발 이천 미터까지 끌어올리려면 6조 kw의 전기가 필요하다고 한다. 그러므로 이 40억 톤이 지닌 물의 위치에너지는 엄청난 것이고, 그 기가 백두대간을 타고 흐른다고 했다.

이 지기地氣를 우리는 쉽게 이해할 수 있다. 세계 어디에서도 우리 인삼의 효능을 따라올 수는 없다. 같은 성분의 토양에서 자란 인삼일지라도 우리 것을 따라올 수 없는 것은 바로 기 때문이다. 송이버섯이나 마늘도 마찬가지다. 중국이나 일본에서 생산된 송이나 마늘은 결코 우리의 진한 향을 따라올 수 없음을 볼 때 지기를 확신하지 않을 수 없다.

이렇게 강한 지기를 받고 태어난 우리도 기가 세다. 국토가 남북으로 갈린 것도, 동족 간에 전쟁을 치른 것도 바로 이 기 탓이다. '빨리빨리 문화'와 초고속의 경제 성장도 이런 우리의 기가 작용했으리라. 뉴욕 야채시장에서 유태 상인들을 몰아내고 상권을 장악한 것도 이 기 때문이다.

우리는 이 기 때문에 남들보다 지기 싫어하고 앞서가려고만 한다. 자동차 사고 세계 1위에 오른 것도 물불을 가리지 않고 남들보다 앞서 가려는 기 때문이다. 잘못을 하고도 쉽사리 사과를 하지 않는 것, 사촌이 논 사면 배가 아픈 것, 어느 나라에 이민을 가든 성공하는 것, 이 모두가 우리의 기 탓이다.

  이 기가 강한 때문에 지금껏 외세의 침입도 이겨낼 수 있었고, 폐허를 딛고 성장할 수 있었다. 그런데 마냥 이 기가 다 좋을 수는 없다. 서로 으르렁대고 네가 잘 났네, 내가 더 잘 났네 하며 굽힐 줄을 몰라 전쟁을 치르고 분단이 되고, 지도자들의 비극적인 종말을 보아오지 않았는가. 이제 이런 탁기濁氣는 걸러내고 맑은 정기精氣만 삼천리 방방곡곡에 퍼졌으면 좋겠다.

화장과 면도

 여자는 화장을 한다. 남자는 면도를 한다. 화장과 면도, 모두 얼굴을 다듬는 행위이다.
 성인이 바깥나들이를 할 때엔 화장과 면도는 필수다. 누구나 남들 앞에 서기 위해서는 얼굴을 말끔하게, 예쁘게 꾸미려 한다. 그래서 번거롭고 귀찮더라도 한다.
 화장과 면도는 둘 다 일정 나이가 되어야 하게 된다. 어린 나이에는 피부가 약하기도 하지만 학업에 지장을 주기 때문에 화장을 하지 않는다. 면도는 어느 정도의 나이가 들어야 거웃이 솟기에 그때서야 필요를 느낀다.
 화장은 여러 모로 복잡한 면이 있다. 우선 세안을 한 뒤 스킨과 로션을 바르고, 에센스, 크림, 미스트, 파운데이션, 파우더, 하이라이트, 마스카라, 아이섀도, 립 메이크업, 볼터치, 아이라인…. 이처럼 기초화장, 색조화장, 마감 화장, 지우는 화장까지 해야 한다. 그러나 공정만 거친다고 아름다워지는 것은 아니다. 기술도 있어야 한다. 마치 화가가 그림을 그리듯 고난도의 테크닉이 필요하다. 그 기술 여하에 따라 단장, 화장, 분장, 변장, 위장이 되기 때문이다.

그에 비해 면도는 절차가 많지 않고 쉬운 편이다. 피부가 좋으면 간편한 전기면도기로 쓱쓱 문지르기만 하면 된다. 그러나 피부가 약한 사람은 칼이 장착된 면도기를 사용한다. 과정도 약간은 복잡하다. 피부를 따뜻하게 불리고 비누칠을 하고 털이 누운 반대 방향으로 밀면 깎인다. 그런데도 남자들은 귀찮아한다.

화장은 페인트를 하는 것처럼 화장품을 얼굴에 덧발라 취약한 곳을 보정하는 작업이다. 잡티에서 흉터나 윤곽까지도 보완을 하여 본래의 얼굴과 전혀 달라지게 한다. 오죽하면 변장 위장이라고까지 할까. 그러므로 화장은 자신의 본래 모습을 숨기는 것이다.

면도는 수염을 깎아내는 작업이다. 남자들은 밤사이에 수염이 자란다. 사람에 따라 차이가 있는데 부스스해 보이는 정도가 있는가 하면 시커먼 털이 얼굴을 뒤덮어 누구인지 몰라보게 자라는 사람도 있다. 그래서 흉한 수염을 깎아내어 본래 모습을 드러내는 것이다. 그러니 여자와는 반대인 셈이다.

이처럼 화장과 면도는 행위 자체는 닮았지만 매우 다르다. 여자들은 잠이 들기 직전에 화장을 지우고서야 자신의 본 모습으로 돌아간다. 그러니 남들과 얼굴을 맞대는 낮 동안은 본래의 얼굴을 가린 채 시치미는 뚝 떼고 활보한다.

그에 비해 남자들은 낮 동안은 멀쩡하다가 밤이 되면 자신의 본성을 드러낸다. 해가 지면 불순한 욕망들이 사정없이 피부를 뚫고 나오는 것이다. 그야말로 시커먼 속셈이 적나라하게 표출된다. 그렇지만 아침이 오면 언제 그랬냐는 듯 욕망의 흔적들을 말끔하게 지우고 집을 나선다.

이렇게 화장과 면도에서 중요한 것 하나를 짐작할 수 있다. 여자는 낮에 조심해야 할 것 같다. 낮 동안은 여우처럼 앙큼하게 자신을 숨기고 있으니 말이다. 남자는 밤에 조심해야 하겠다. 어두워지면 시커먼 늑대의 본성을 드러내니까.

이헌령비헌령

 귀 때문에 걱정이었다. 비행기를 탈 때마다 귀가 찢어지는 듯 아팠기 때문이다. 예전엔 그렇지 않았는데 언젠가부터 그런 증상이 있었다. 비행기가 고도를 올리면 귀가 멍해지지만 침을 삼키면 이내 원래대로 돌아오는 게 정상이다. 그런데 어찌된 일인지 하늘에 떠 있는 내내 귀가 조이듯 아팠다. 그 통증이 심하여 참기 어려운 정도였다.

 멀리 가는 여행을 앞두고 은근히 걱정이 되었다. 해결 방법이 없을까 하고 병원을 찾았다. 의사는 여러 실험을 하더니 약간의 중이염 증상이 있다는 진단을 내렸다. 중이염이 있으면 기압차에 의해 그런 통증이 일어난단다. 여러 날 치료를 요하여 병원을 다녔다.

 며칠이 지나 몸이 이상했다. 몸이 나른하고 열이 났다. 떠날

날이 얼마 남지 않았는데, 감기에 걸린 것이다. 일 년에 한 번 걸릴까 말까 하는 감기가 왜 하필 이 중차대한 시기에 걸리는지 모를 일이었다.

다음 날, 감기 기운이 있다고 하니 의사는 중이염 치료제에다 감기약을 추가하는 처방을 해주었다. 거기서 끝났으면 좋았을 것을. 병원 문을 나서다 계단에서 발이 접질리어 앞으로 꼬꾸라졌다. 발에서 우두둑 소리가 났다. 큰일 났구나 싶었다. 살며시 일어나 걸어보았다. 별 다른 이상은 없는 것 같아 안도의 숨을 내쉬었다.

그러나 집에 다다를 즈음 걸음이 시원찮음을 느꼈다. 발가락에 이상이 있음이 분명했다. 이틀 후에 먼 길 떠나는데 이게 무슨 일이람. 안 되겠다 싶어 바로 집 근처의 외과병원으로 갔다. 사진을 찍었더니 별 이상은 없었다. 인대가 늘어났으니 안정을 취하라는 처방만 받고 나왔다. 천만다행이었다. 그러나 열흘간 종일토록 걷는다는 여행을 앞두고 걱정이 태산이었다.

떠나는 새벽, 발가락은 조금 진정이 되었는데 감기로 인한 열은 그대로 있었다. 열 감지기에 걸려 입국이 거절되지는 않을까 걱정이 되었지만 어쩔 수 없었다. 준비하느라 세수를 하는데, 갑자기 이빨 하나가 빠지는 것이 아닌가. 하필 이런 날에 빠지다니. 아무래도 여행을 가지 말라는 계시라고만 느껴졌다.

빠진 이빨은 몇 해 전에 '기둥 세우기' 치료를 받은 것이었다.

몇 년을 써도 괜찮더니 하필 여행을 떠나는 날 빠진단 말인가. 불안 불안했지만 그래도 어쩌겠는가. 지불한 여행경비가 아까우니 가야 했다.

그렇지 않아도 망설였던 여행이었다. 건강이 염려되었기 때문이다. 지난해에 대상포진을 앓았다. 얼마 후 머리가 이상하여 중병인가 싶어 큰 병원에서 온갖 검사를 받기도 했다. 이상은 발견되지 않았고 서서히 증상도 완화되었다.

아내도 마찬가지였다. 이석증이 있어서 발병하면 감당할 수 없는 고통이 따른다. 그래서 여행을 망설였지만 용기를 내어 과감하게 나서는 터였다.

꾸려놓은 캐리어를 끌고 아내와 현관을 나섰다. 낑낑거리며 계단을 내려오는데 갑자기 캐리어 뚜껑이 확 젖혀지면서 속에 들었던 용품들이 와르르 계단으로 쏟아졌다. 아! 이게 무슨 날벼락인가. 너무나 어이가 없어 웃음이 났다. 마치 코믹영화의 한 장면을 연출되는 듯했다. 가뜩이나 시간이 촉박한데 맥이 탁 풀렸다. 그러나 어쩌겠는가. 계단을 오르내리며 물건들을 주섬주섬 주워 아무렇게 가방에 퍼 담았다. 그리고는 냅다 내달려 간신히 비행기에 몸을 실었다.

비행기는 심하게 요동을 쳤다. 몹시 불안했다. 제발 인천까지라도 무사히 실어만 주기를 바랐다. 요 며칠, 일련의 사건들은 분명 머피의 법칙일 거라는 생각이 들었다. 그래서 요동치는 비행기가 불안 불안하기만 했다. 그러나 그렇게 흔들리던 국내선 비행기는 무사히 인천공항에 내려 주었다.

그 뒤부터 유럽 여행을 하는 동안은 아무 문제는 없었다. 날씨가 좋지 않다는 영국에서도 내내 맑았다. 베니스에서 잠깐 소나기를 피했지만 그 외에는 너무나 청명한 날씨였다. 안내자는 열흘 내내 비 맞은 분들도 있다며 '축복받은 여행'이라는 말을 수도 없이 반복했다. 여행 내내 귀도 아프지 않았다. 정말이지 조금의 돌발 사건도 생기지 않아 안전하고도 쾌적한 여행을 했다.

그렇다면 떠나기 전에 계속하여 괴롭혔던 일들은 무엇인가. 머피의 법칙이라면 낯선 객지에서 큰일을 당해야만 했다. 그런데 이상하리만치 너무나 쾌적한 여행을 했으니 머피의 법칙을 의심할 수밖에 없다. 그러면 그 현상들은 무엇이란 말인가. 그냥 액땜이라고 해둘까.

참소주와 참이슬

　소주를 마신다. 싸한 것이 목을 타고 내려가며 몸속 곳곳을 자극한다. 짜릿하고 시원한 그 맛은 마치 과즙이 풍부한 배를 한입 베무는 맛이다. 작품 토론의 뒤풀이에서는 늘 문우들과 정情을 나눈다. 오고가는 술잔 속에 정이 넘친다.
　친구들과의 모임에서도 늘 소주를 마신다. 친구들과의 만남에 술이 빠진 적은 거의 없는 편이다. 그러다 보니 수십 년을 소주와 함께한 셈이다. 즐거울 때나 괴로울 때나 늘 함께했으니 소주는 진정한 도반이라 할 수 있겠다.
　이 도시에서 눈에 많이 띄는 소주는 대체로 두 종류이다. 그 중 하나는 이곳에서 생산되는 '참소주'이다. 요즘은 개명을 하여 '맛있는 참'이 되었지만 이곳 사람들은 입에 익은 대로 참소주라 부른다. 다른 하나는 중앙에서 생산되는 '참이슬'이다. 이렇게 두 가지의 소주가 얼굴을 내밀다 보니 헷갈려 하는 분도 더러 있다. 병에 붙은 라벨에 모두 '참'자가 크게 들어 있기 때문이다.

상표에 '참'이 들어가야만 하는 어떤 이유가 있는 모양이다. 참꽃, 참나무, 참나물, 참한 처자, 참한 총각, 이렇게 옹골찬 것에는 모두 참 자를 붙이는 걸로 봐서 참이란 참 좋은 것임에 틀림없겠다. 아무렴, 소주는 서민들에게 참 좋은 동반자가 아닌가.

참소주를 생산하는 회사는 지방에 있다 보니 큰 규모는 아니다. 그러나 오랫동안 소주를 만들어 왔다. 이곳 시민이라면 이 회사를 모르는 사람이 없을 정도다. 나같이 연식이 있는 사람은 금복주라고 쓰인 붉은 라벨부터 마셨으리라.

참이슬은 서울에서 생산되는 소주이다. 아무래도 중앙에 있는 회사이다 보니 규모가 엄청나다. 그 위세가 얼마나 컸던지 한때는 재벌에 속하기도 했다. 그래서인지 각종 광고에 등장하여 전 국민들이 다 알아볼 정도이다. 아무래도 큰 자본에, 큰 시장을 가졌으니 그 세력이 만만치 않다.

나는 주로 참소주를 마신다. 처음 접한 것이 참소주이니 그런지도 모른다. 입으로 들어가는 것은 처음 접한 것에 길들여진다고 하지 않던가. 그래서인지 참소주를 고수한다.

그러나 때로는 참이슬을 마실 때도 있다. 내 의지와는 상관

없이 마셔야 한다. 타지에서 온 손님이 원하면 그쪽의 요구에 응할 수밖에 없다. 그런 경우가 아닌데도 마셔야 할 때도 있다. 미식가입네 하며 한사코 고집을 부리는 사람을 만나면 어쩔 수 없다. 내가 느끼기엔 그 맛이 그 맛인데, 그분들은 다르다고 한다. 참 대단한 분들이구나 싶다. 과연 참소주와 참이슬의 맛이 다를까?

소주를 만드는 과정은 주정에다 물을 희석하고 각종 감미료를 배합한다. 주정 생산은 정부에서 지정한 두세 곳에서 하는데 주류세를 부과하는 곳도 바로 그곳이다.

주정은 쌀이나 옥수수 등 곡물을 주재료로 하고 있다. 그 주정(95% 에틸알코올)은 무색, 무취, 무미의 액체이기에 맛을 좌우하는 성분은 없다. 그냥 순수 알코올이다.

그렇다면 첨가하는 감미료에 맛이 달렸을 것 같다. 그런데 감미료란 것도 어느 회사나 대동소이하다. 병에 나열된 표기를 봐도 그게 그것이다. 시장이 워낙 치열하기에 이미 맛의 최고치를 양쪽이 다 알아버렸기 때문이다. 그런데도 맛이 다르다 하니 그저 놀랄 수밖에 없다.

맛을 결정 짓는 것이 첨가물도 아니라면 그럼 무엇인가. 소주에 가장 많은 비중을 차지하는 것은 물이다. 그렇다면 물맛에 달렸을 수도 있을 것이다. 그런데 물맛을 구별하는 것 또한 대단한 감각이 아니고는 분간키 어렵다.

그런데 그것도 사운을 걸고 만드는 것이니 그래도 그 지방에서는 최상의 질을 갖춘 지하수일 것이다. 맥반석으로 된 암반, 최하 300미터 아래에서 퍼 올린 지하수임에 틀림없다. 그러니 물맛에서의 차이란 것도 대동소이하지 않을까.

그런데도 꼭 참이슬을 선택하는 분들이 있다. 이곳에서 줄곧 살아왔는데 왜 그런 것일까. 처음 접했던 것이 참이슬이기 때문일까. 그렇다면 이해할 수 있겠지만, 느낌이나 분위기 때문은 아닐까. 중앙에서 생산된 것이니 더 나을 것이라는 기대심리 같은 것 말이다. 어쨌거나 그분들의 선택을 무시할 수는 없다.

그렇다면 내가 즐겨 참소주를 마시는 것은 무엇 때문일까. 처음 접해 입에 길들여진 때문일까. 아니면 늘 마시던 물로 빚었기에 입맛에 맞는 때문일까. 아니면 이 고장에서 생산된 것이니 우리가 아껴야 한다는 소박한 애정 때문일까. 곰곰이 생각해 보니 모두 맞는 것 같기도 하고 아닌 것도 같다. 정말 아리송하다.

이렇게 참소주를 즐겨 찾는 것은 다른 데 있는 것 같다. 무엇이든 심각하게 따지지 않는 성격 탓인 듯하다. 마치 소믈리에가 된 듯, 맛 감별사라도 된 듯 따져가며 마시지 않기 때문이다.

그래서 자리에 앉자마자 부르기에 익숙한 '참소주!'를 그냥

참소주와 참이슬

외치는 것이다. 술이 고픈데 이것저것 그런 걸 따질 계제가 아니지 않은가.

오늘도 문우들과 소주를 마신다. 참소주 맛이 배 맛이다.

맞대응

 쌀쌀한 가을이었다. 감기몸살로 입맛이 없어 며칠 째 밥을 제대로 먹지 못했다. 그날도 아침을 먹는 둥 마는 둥 학교를 가기 위해 집을 나섰다. 어머니는 도시락을 싸지 않고 구내식당의 가락국수를 사 먹으라며 용돈을 쥐어 주었다.
 점심시간이 되어 언덕 너머 별관의 교내 식당으로 갔다. 가락국수를 사 먹을 요량으로 줄을 서 있었다. 식당의 배식은 동그란 구멍이 뚫린 벽 안으로 돈을 밀어 넣으면 가락국수가 나왔다. 차례가 되어 돈을 넣자 국수가 나왔다. 그런데 별안간 뒤에 서 있던 누군가가 내 국수 그릇을 낚아채어 도망가는 것이 아닌가. 몸이 찌뿌듯하여 짜증이 나는 판에 내 국수까지 가로채 가다니. 화가 머리끝까지 솟구쳤다.
 누군가 했더니 우리 반에서 가장 주먹이 센 요즘 아이들 말로 '짱'인 그놈이었다. 얼굴이 유순하게 보였던지 나를 가장 괴롭히는 그놈이었다. 무서워서 찍소리도 못하고 당하기만 했는데 눈에 불을 켜고 내 국수 내놓으라고 소리소리 지르며 따라갔다.

중학교에 입학을 하고 보니 나보다 덩치가 큰 녀석들이 많았다. 그래서 맨 뒤에서 두 번째 줄에 앉게 되었다. 입학식 다음 날부터 고행은 시작되었다. 큰 녀석들은 작은 아이들을 괴롭혔다. 그들은 안하무인이었다. 주먹으로 밀어붙이니 덩치가 작은 아이들은 어쩔 수 없이 당하기만 했다. 완력으로는 어찌해 볼 수 없음을 알고 자포자기 상태였다.

책이나 공책 따위 학용품은 아예 저희들 마음대로였다. 도시락을 빼앗는 건 예사였고, 심지어 버스비까지도 빼앗겨 집까지 걸어가야 했다. 힘이 없으니 어쩔 수 없이 당해야만 했고 참는 것 외엔 달리 방법이 없었다. 가장 횡포가 심한 것은 바로 그놈이었다.

놈은 도망을 가면서도 국수를 먹었다. 얼마나 여유가 있으면 혀까지 날름거렸을까. 마치 고양이가 쥐를 가지고 노는 격이었다. 처음에는 내 것을 강탈당한 것에 대한 억울함의 호소였는데 그것이 불의에 대한 분노로 바뀌었고 종내에는 독한 오기로 발전했다. 죽기 아니면 살기로 따라갔다. 놈은 그럴수록 재미있다는 듯 더 약을 올렸다. 이성은 증발해 버렸고 마침

내 몰입상승의 기류에 편승하고 말았다.

놈이 내리막길로 접어들었을 때였다. 그곳엔 경사면을 깎아 농구장을 만드느라 큼직한 돌들이 널려 있었다. 가방 크기의 큰 돌을 번쩍 들어올려 놈을 향해 냅다 던졌다. 어디서 그런 힘과 용기가 났는지 나도 모르겠다.

돌은 요행히 놈의 머리에 맞지 않고 등에 명중을 했다. 내리막길에서 큰 돌을 등짝에 맞은 놈은 힘없이 앞으로 콕 꼬꾸라졌다. 놈은 일어나려다 다시 꼬꾸라졌다. 그리고는 꼼짝을 하지 않았다. 그제야 정신이 번쩍 들었다. 죽었으면 어떻게 하지 무서움이 밀려왔다.

마침 식당으로 점심식사를 하러 가시던 선생님들이 이 광경을 보고 뛰어왔다. 놈을 돌려 눕혀 인공호흡을 하고 주무르고 난리 법석이 났다. 그제야 놈은 겨우 일어났다. 물론 놈과 나는 교무실로 불려갔다. 자초지종을 들은 선생님은 둘 다 반성문을 쓰게 했고 수업을 마칠 때까지 벌을 세웠다.

그날 이후, 놈은 일체 나를 건드리지 않았다. 뿐만 아니라 아무도 나를 건드리지 않았다. 그날의 소동을 많은 아이들이 보았을 테고, 그래서 교내에 소문도 났으리라. 중학 3년을 다니는 동안 아무도 내게 시비를 거는 아이는 없었다.

질긴 인연이라더니 그놈은 고등학교까지 따라왔다. 고등학교에서도 그놈은 '짱'노릇을 했다. 그러나 일체 나를 건드리지 않았다. 오히려 나를 건드리는 아이들을 막아서곤 했다. 무모한 대응의 효과는 기대 이상이었다.

일생 중 가장 심하게 힘자랑을 하며 싸움을 많이 할 때는 겁이 없는 중고등 학창시절이다. 별다른 호신술도 익히지 않고 강단도 없으면서 그 6년을 무사히 넘길 수 있었던 것은 그날의 그 사건 때문이라 여겨진다.

우주 만물은 힘에 의해 지배된다. 사람도 마찬가지다. 소년기에는 완력에 의해 지배구조가 형성된다. 그러던 것이 나이가 들면 금력이나 세력, 또는 권력으로 바뀌어진다. 그 힘으로 자신보다 약한 자를 지배하고, 약한 자는 강한 자에 눌려 계속 당하기만 한다. 개인뿐만 아니라 나라도 마찬가지이다.

이 지배구조는 이상하게도 한 번 결정이 되면 계속 이어지는 속성을 지닌다. 결연한 의지로 그 연결 고리를 끊지 않은 이상 좀처럼 바뀌지 않는다. 뻔히 알면서도 연결고리를 좀처럼 끊지 못하는 것은 대항의 두려움이나 실패했을 때의 피해를 상상하며 도전하지 않기 때문이다. 무모한 것 같으나 끝없이 당해야만 하는 숱한 날들을 예상한다면 때로는 결행의 의지도 필요하다. 한갓 미물인 쥐도 막다른 길에 다다르면 고양이에게 덤비지 않던가.

주머니에 든 행복

주머니에 행복이 가득하다. 그렇다고 별 것이 들어 있는 건 아니다. 남들이 다 가진 것밖에 들어 있지 않다. 휴대 전화기와 아파트 열쇠뿐이다. 그러나 주머니에 행복이 가득 들어 있는 듯이 느껴진다.

어린 시절, 주머니를 가득 채웠던 것들이 있었다. 늘 주머니에는 구슬이나 딱지가 들어 있었다. 친구들과 따먹기를 하여 잃기도 하고 따기도 했다. 구슬과 딱지가 주머니에 가득하면 그보다 더 행복할 수가 없었다.

나이가 조금 더 들었을 때엔 주머니에 주로 먹는 것이 들어 있었다. 땅콩이나 찐쌀이 들어 있으면 그렇게 행복할 수가 없었다. 고소한 주전부리를 친구들과 나눠 먹기도 했지만 자랑할 수 있다는 게 좋았다.

그보다 나이가 더 들었을 때엔 사정이 사뭇 달라졌다. 주머니에 늘 담배가 들어 있었다. 담배가 들어 있으면 무엇 하나 부러울 게 없었다. 해로운 담배를 왜 그리도 피웠던지. 때로 주머니가 비게 되면 불안하여 견딜 수가 없었다. 이슥한 밤에도 가게를 찾아 나서곤 했다. 담배가 생명과도 같았다.

나이가 더 들었을 땐 주머니에 지갑이 들어 있었다. 그 지갑에는 물론 돈이 들어 있었다. 지갑이 두둑하면 어깨가 펴지고 가벼우면 옴츠러들었다. 무슨 영문인지 주머니가 두둑하면 절로 힘이 났다. 겸손하려 애를 썼지만 나도 모르게 거만이 밖으로 튀어 나갔을 것도 같다. 그뿐이겠는가. 속이 빈 사람마냥 목소리를 높였던 게 틀림없다. 어쨌거나 주머니가 두둑했을 땐 세상에 부러울 게 없었다. 그렇게 불룩했던 그 주머니도 차츰 얇아져 지금은 홀쭉하기만 하다.

머지않아 꽃이 바다를 이루는 곳으로 가게 될 것이다. 그때엔 주머니 없는 옷으로 갈아입어야 한다. 올 때 주머니가 없었으니 갈 때도 없이 가야 한다. 그런데 무엇을 그토록 주워 담으려 안달복달했는지 모를 일이다.

좋은 세월 다 보내고 이제 내 지갑에는 휴대전화와 열쇠밖에 없다. 그 휴대전화에는 교통카드를 겸하는 신용카드가 들어 있다. 이 카드에는 돈이 얼마 들어 있지는 않다. 버스나 지하철을 타고 어디든 갈 수 있고, 소박한 음식점에 들어가 몇 끼 식사 정도할 만큼은 들어 있다.

  그것만인가. 휴대전화에는 문우들과 친구들의 전화번호가 입력되어 있다. 언제라도 버튼만 누르면 그들 중 누군가와 만날 수 있다. 그들과 함께 밥 한 끼 먹을 수 있고, 술 한 잔 나눌 수 있다.

  그들과 마주 앉아 청담을 나눌 수 있으니 더 이상 무얼 바라겠는가. 문학도 좋고, 지난날의 고생담도 좋고, 앞으로 살아갈 얘기도 나눌 수 있다. 공통분모가 같아 그런 것일까, 그들과 함께하면 까닭 없이 즐겁다. 내 주머니에 그들을 만날 수 있는 연결고리가 들어 있으니 행복하다 하지 않을 수 없다.

오늘도 이발소에 간다

할 말이 많은 사람이 글을 쓴다고 했다. 그러고 보면 나는 할 말이 많은 사람인가 보다. 글 같지 않은 글을 지금껏 끈질기게 쓰고 있는 것을 보면 그런 생각이 들지 않을 수 없다.

지금쯤, 구름바다를 산책하고 계실 어머니 말로는, 내가 어렸을 적 이야기를 곧잘 했다고 하셨다. 집을 나서면 동네 아주머니들은 내게 이야기를 시켰다고 했다. 꼬마가 재잘재잘 잘도 지껄였던 모양이다. 이야기를 시키는 건 아주머니들뿐이 아니었다. 내 기억에는 동네 이발소의 아저씨들도 나만 보면 붙들어 앉혀 이야기를 시켰다.

내가 어렸을 적 살았던 곳은 경북의 김천이다. 우리 집은 6·25 전쟁이 끝난 직후에 지은 백여 호의 아담하고 깔끔한 주택 단지였다. 마을 초입에는 작은 실개천이 흘렀고, 징검다리를 건너서면 바로 이발소가 있었다. 그 이발소 옆으로 난 길을 따라 키가 큰 수양버들이, 마치 병정들이 사열하듯 길게 늘어서 있었다.

이발소에는 이발사 아저씨는 물론 마을의 어른들이 모여 있었다. 어른들은 여름이면 수양버들 아래의 살평상에, 겨울이면 이발소 안 조개탄 난로 옆에 앉아 장기를 두거나 한담을 나누고 있었다. 그 아저씨들은 학교를 파하고 돌아오는 나를 불러 앉히어 이야기를 시키곤 했다.

부끄럼이 많았던 나는 얼굴을 붉히며 다소곳이 앉아 있다가 아저씨들의 성화에, 때로는 눈깔사탕의 유혹에 못 이겨 겨우 입을 열곤 했다. 이야기는 모두 할머니, 어머니로부터 들었던 것들이었다. 시작이 어려웠지 이야기는 술술 잘도 나왔다. 대부분은 곶감이 무서워 도망가는 호랑이 이야기, 심청이나 콩쥐팥쥐 같은 것들이었다.

꼬마의 이야기에도 아저씨들은 무척 재미있어 했다. 그렇게 시작된 이야기는 해가 지는 줄도 몰랐다. 어머니는 때가 되어도 돌아오지 않는 나를 찾으러 이발소까지 가끔 오시고는 했다.

이발소의 창밖으로 종달새 우짖는 소리가, 개울물 흐르는 소리가, 낙엽 구르는 소리가, 세찬 바람 소리가 몇 번이나 지나갔다. 이야기도, 할머니와 어머니가 들려준 것이 아닌 학교에서 선생님께 들었던 이야기로 슬슬 바뀌어 나갔다. 그러나 그것도 계속 이어지지는 못했다. 얼마 지나지 않아 부모님을 따라 정든 이발소와 실개천과 수양버들을 떠나오게 되었기 때문이다.

도시로 나온 나는 까까머리 친구들을 만났고, 그들과 같이 〈라이파이〉, 〈엄마 찾아 삼만리〉 같은 만화에 빠져들었다. 그러나 그것도 잠시, 흰 스크린에 비치는 화려한 영화에 정신을 빼앗겼다. 거기에는 가보지 못한 온갖 곳으로 데려가 많은 이야기들을 들려주었다. 영화관 창밖으로 아지랑이가, 소낙비가, 마른 잎들이, 함박눈이 수없이 지나갔고, 나는 온갖 꿈들을 좇느라 옛 이야기들은 까맣게 잊고 살았었다.

그런데 머리에 수양버들의 흰 꽃가루가 내려서야 이야기다운 이야기를 만나게 되었다. 우연히 들른 서점에서 수필집을 만났다. 자신이 겪었던 일들을 솔직하게 토로하는 수필을 만난 것이다. 그곳엔 아기자기한 사랑이 있었고, 눈시울 젖게 하는 모정이 있었고, 세상을 살아가는 지혜가 담겨 있었다. 그러자 문득 고향의 그 실개천과, 수양버들과, 이발소가 스쳐지나갔다.

나는 요즘, 기억의 강을 매일 거슬러 올라가곤 한다. 신이 나서 조잘댔던 곳, 감성을 풍성하게 살찌웠던 곳, 내 이야기의 고향으로 가는 것이다. 수양버들이 늘어서 있고 그 옆으로 맑은 실개천이 흐르고, 호수와 전나무 숲 그림이 벽에 걸린 그 이발소 의자에 슬그머니 가서 앉곤 한다. 그리고는 예전에 그곳 아저씨들에게 했던 것처럼 이야기들을 하나하나 풀어낸다. 그 이야기들은 꿈을 쫓아 방황했던 일, 애틋한 사랑을 찾아 나섰던 일, 영화관에서 만났던 이국의 풍경 같은, 나의 못다 한 이야기들을 하고 있다.

총銃 이야기

"여보, 미국에서 또 총기 난사 사건이 났네요."
"그러게 말이야."
"미국엔 총에 죽는 사람도 엄청나겠어요."
"교통사고로 죽는 사람보다 더 많다고 하더군."
"그런데 왜 총을 가지게 하지요?"
"총이 없으면 지금보다 더 나빠지는가 보지."
"왜 더 나빠지는데요?"
"그곳은 법보다 주먹이 먼저잖아."
"예의가 바른 사람들이 왜 그럴까요?"
"글쎄―, 알고 보면 그렇지 않을 수도 있지."
"어째서요?"
"그렇게 보이는 것은 총 때문인지도 몰라."

"그게 무슨 소리지요?"

"상대가 총을 가지고 있을지 모르니 상냥하게 대할 수밖에."

"너무 비약하는 것 아닌가요?"

"아니야. 오래전부터 그래 왔어."

"서부 개척 시대 말인가요?"

"그렇지! 그때 얼마나 많은 사람이 죽었어."

"하긴, 그 넓은 땅에서 살려면 법보다 총이 먼저겠지요."

"그때의 인식이 몸에 배었지."

"예의의 이면에는 폭력성이 깔려 있다는 말이군요."

"그렇다고 봐야 할 거야."

"그 말도 맞네요. 그들에 비하면 우리는 참 평온하게 살았네요."

"그런 셈이지. 그런데, 세상이 정말 험악해졌어. 막가파들이 설쳐대니 우리도 호신용 총을 가져야 될지 몰라."

"큰일 날 소리! 총을 가지게 되면 난리가 날 걸요."

"물론, 한동안은 혼란스럽겠지만, 시간이 지나면 안정이 되겠지."

"글쎄요—. 우리는 워낙 성질이 급해 총을 가지면 난장亂場이 될 걸요."

"오히려 불한당도 조심할지 모르잖아."

"그렇지 않을 걸요. 성질이 급한 민족이 훈련도 되지 않은

총銃 이야기

상태에 총을 가진다면 안정이 되기도 전에 한 사람도 살아남지 못할 걸요."

"하긴 그렇군-. 그럼, 우리 막가파에겐 무슨 처방을 해야 할까?"

값진 선물

선물은 가슴을 설레게 한다. 주는 이나 받는 이나 가슴 설레는 것이 선물이다. 선물을 주고받음으로 해서 상대방과 서로 마음까지 나누는 때문일 것이다. 가슴 설레는 선물이라 하면 가장 먼저 떠오르는 것은 '오 헨리'의 단편 소설 〈크리스마스 선물〉이다.

어느 부부가 크리스마스를 맞아 각자 고민에 빠진다. 너무나 가난하여 선물을 살 만한 돈이 없었기 때문이다. 남편은 생각 끝에 아끼는 금시계를 팔아 아내의 긴 머릿결에 어울리는 머리핀을 산다. 아내는 길게 자란 머리를 잘라 남편이 가진 금시계에 어울리는 줄을 산다.
집으로 돌아온 남편이 아내의 반짝이던 금발이 사라진 것을 보며 허탈해 한다. 머리핀을 꽂을 머리가 사라졌기 때문이다. 아내도 시계줄을 걸어 줄 남편의 시계가 사라졌기에 탄식을 한다는 가슴 아리는 내용이다.

　마치 소설처럼 가슴 뛰는 실제의 선물 이야기가 있다. '아먼드 헤머'라는 미국의 백만장자의 자전적 이야기다. 대학을 갓 졸업한 아먼드 헤머는 그동안 번 돈으로 병원선을 사서 소련으로 간다. 당시 소련의 서부지역은 식량부족으로 인하여 많은 사람이 죽어가고 있었다. 아먼드는 그 광경을 보고 본래의 목적이 아닌 기아에 허덕이는 빈민 구제에 나서게 된다. 전 재산을 털어 고국에서 밀가루를 들여와 기근에 시달리는 지방민을 구호한다.
　이 소식이 중앙에 전해져 '레닌'의 초청을 받는다. 아먼드를 만난 레닌은 감사의 뜻으로 하나의 부탁을 들어주겠다고 한다. 아먼드는 자신이 보았던 서부지역의 석면 광산을 떠올린다. 그리하여 소련에서 최초의 광물 채굴권을 획득한다. 뒤이어 포드자동차의 트랙터 대리점 허가를 받기도 하고, 세계에서 가장 큰 연필 공장도 세운다. 우리가 어릴 적 많이 썼던 잠자리가 그려진 4B연필이다. 그는 나중에 로마노프 왕가의 보물을 미국으로 반출하는 허가까지 얻어 백만장자가 되고, 마침내 세계 굴지의 '옥시덴탈 석유회사'를 매입하게 된다.

그가 이처럼 소련에서 활동하여 거부가 된 것은 작은 선물 하나 덕분이었다. 가장 처음, 레닌으로부터 광물 채굴권을 얻은 아먼드는 석면 채굴 장비를 구하러 잠깐 고국으로 돌아온다. 오는 길에 런던의 골동품 가게를 지나게 되는데 바로 그때, 진열대에 놓인 소품 하나를 발견한다. 그는 주저 없이 그 소품을 산다. 레닌에게 선물하기 위해서다.

그가 산 소품은 높다랗게 쌓인 책 위에 원숭이가 걸터앉아 자신의 발치에 흩어진 사람들의 두개골을 지그시 바라보는 청동 조각상이었다. 그런데 원숭이 엉덩이 밑에 깔려 있는 그 책 중의 한 권이 찰스 다윈의 ≪종의 기원≫이었다.

그는 다시 소련으로 들어가 레닌에게 그 원숭이 청동상을 선물한다. 선물을 받아 든 레닌은 그 작은 원숭이 조각상을 유심히 보다 탄식을 하며 이렇게 말한다.

"날이 가면 갈수록 무기가 점점 큰 파괴력을 갖게 되니, 우리 인류가 평화롭게 사는 것을 배우지 않는다면, 언젠가 문명이 파괴될지도 모른다. 만약 그렇게 된다면 원숭이가 인간의 두개골을 주워들고 도대체 이것은 어디서 온 것일까 하며 바로 이 원숭이의 표정을 지을 것이다."

레닌은 즉시 비서에게 청동상을 자기 책상 위에 놓아두도록 지시한다. 그 뒤로 그 조각상은 언제나 레닌의 책상 위에 놓여 있었다. 지금은 레닌의 사무실이 크렘린의 국립박물관이 되어 있지만, 그 원숭이 조각상은 그의 책상 위에 놓여 있다고 한다.

오 헨리의 〈크리스마스 선물〉은 부부의 사랑을 확인한 고귀한 선물이었다. 아내는 남편의 손목에 금시계를 찬 모습이 보고 싶었던 것이다. 남편은 아내의 아름다운 머릿결에 반짝이는 머리핀이 있었으면 좋겠다고 생각했다. 이처럼 서로 상대에게 꼭 있어야 하는 것을 파악하고 있었다. 그래서 그들의 선물은 사랑을 확인한 값진 선물이 되었다.

아먼드 헤머의 선물도 그의 번득이는 지혜와 안목에서 나왔다. 레닌이 사색이 많은 사람인 것을 단번에 파악했으리라. 그래서 그런 청동상을 보게 되면 깊은 사색에 빠질 것이란 예측을 했던 게 틀림없다. 아니나 다를까, 그 청동상은 레닌의 마음을 움직인 가장 값진 선물이 되었다.

선물이란 이처럼 상대의 마음을 움직여야 효과가 있을 것 같다. 그런데 나는 이들 부부나 아먼드처럼 비상한 안목도 지혜도 가지지 못한 것 같다. 이제껏 가까운 사람의 기호나 성격도 파악하지 못하고 있으니, 한심하다 하지 않을 수 없다.

그 흐린 날의 바람

　드디어 차례가 되었다. 수술용 침대에 누이더니 얼굴 전면을 소독한다. 눈을 깜박이지 못하도록 눈꺼풀을 고정시킨다.
　이윽고 눈에 알 수 없는 액체를 들이붓는다. 마취를 하는 것이란다. 의사는 안심이 되지 않았던지 거듭 눈도, 몸도 절대 움직이지 말라는 당부를 한다. 이윽고 주삿바늘이 눈앞에 어른거린다. 눈을 뜨고 있으니 주삿바늘이 다 보인다. 그것을 보니 가슴이 뛰고 몸이 더 오그라든다.
　이윽고 바늘이 눈을 찌르며 들어온다. 서늘한 공포도 몸 안으로 함께 들어온다. 의사는 눈의 저 아래쪽 망막에 약을 주입하는 것이니 안심하라고 한다. 마취를 했건만 묵직한 통증은 견딜 수 있을 만큼의 무게로 누른다.
　얼마 전, 영화를 보던 중이었다, 눈이 찜찜하여 윙크하듯 번

갈아 가며 한쪽 눈을 감아보았다. 아! 이게 웬일인가. 평소에 보이지 않던 것이 보이는 게 아닌가. 화면 한가운데가 까맣게 보였다. 서둘러 안과를 찾았다. 의사는 검은 것이 점점 커지게 되면 실명되는 것이라 했다. 눈앞이 캄캄했다. 올봄에, 시력이 조금 더 나빠졌다고 했을 뿐인데…. 그 사이에 실명될 수도 있다니, 아득하기만 했다.

소견서를 받아들고 큰 병원으로 내달았다. 예상대로 그 무섭다는 '황반변성'이란다. 갖가지 검사를 거쳐, 가능성은 희박하지만 시술을 해보겠느냐고 했다.

글을 쓰는 사람이라 앞이 보이지 않는 것은 상상조차 하기 싫은 일이다. 무슨 수를 쓰더라도 시력만은 유지해야 한다. 그래야 못다 한 이야기들을 할 게 아닌가.

어렵사리 시술 예약을 하고 돌아오는 길에 온갖 생각이 떠올랐다. 무지의 결과인가? 안과 검진을 정기적으로 받았으니 무지도 교만도 아니다. 그런데 어찌 이 지경이 되었을까. 황반변성은 여러 가지 요인이 있지만 오랫동안 무엇을 무리하게 보면 핏줄이 망막을 뚫고 자라나 이런 현상을 일으킨다고도 한다.

그러고 보니 눈을 혹사시키긴 했다. 영화관도 많이 찾았고 TV도 많이 보는 편이다. 그보다 원고를 보느라 종일토록 컴퓨터를 끌어안고 씨름을 했었다.

얼마 전, 글씨가 조금 굴절되어 보이긴 했었다. 하지만 이런 병이 오리라곤 전혀 상상도 하지 못했다.
 이것도 한쪽 눈을 감아보지 않았더라면 발견하지 못했다. 누구나 두 눈을 뜨고 대상을 본다. 그랬기에 이상을 느끼지 못한 것이리라. 만약 한쪽 눈을 감아 보았더라면 진즉에 알아 차렸을 것을…. 그러나 이미 소용없는 일이다.
 우리 몸이 가진 것들 중에는 어떤 것은 하나고 어떤 것은 둘이다. 눈, 귀, 팔, 다리 같은 것은 둘이고, 입과 코는 하나밖에 없다. 이렇게 둘인 것들은 위급한 상황을 빨리 감지하고 대처하는 보호 수단의 도구인 듯하다.
 그런데 그중 하나가 지금 말썽을 일으키고 있다. 지금 주사를 맞고 치료를 한다지만 언젠가는 한계에 다다르리라. 그렇게 되면 하나로만 나를 지켜 갈 수밖에 없지 않은가. 아득하기만 하다.
 주삿바늘을 빼는 것으로 시술은 끝이 났다. 경과는 두고 봐야 한단다. 한쪽 눈을 거즈로 덮어 놓으니 다른 세상에 던져진 듯하다. 거울을 보니 흉측스럽다. 외눈박이가 되어 뒤뚱뒤뚱 수술실을 나선다.
 집으로 돌아오며 생각에 잠긴다. 글은 제대로 쓸 수 있을까. 산에 오르는 것은 문제가 없을까. 한 눈만 가렸는데도 이렇게 불편한데 두 눈 다 보이지 않는 분들은 얼마나 답답할까. 나는 이렇게나마 걸을 수는 있으니 다행이기는 하다. 다른 눈 하나는 상하지 않기를 그저 바랄 수밖에

5부

수박 먹는 법
전쟁 준비
저마다의 삶
틈을 위하여
상처뿐인 영광
의지意志의 열쇠
동네 병원
그는 바보인가?
참맛
그럴듯한 허상
봄날, 잠깐인 것을
소소한 호사豪奢

수박 먹는 법

 입 안에 과즙이 한가득이다. 외출에서 돌아와 시원한 수박을 먹는다. 여름에는 수박을 가장 많이 찾는 것 같다. 달콤한 과즙이 많아 청량감을 주기 때문이다. 또 향은 어떤가. 수박이 지닌 독특한 향은 다른 과일이 흉내도 낼 수도 없을 만큼 짙다. 이래저래 여름에는 수박만 한 과일이 없다.
 수박 먹는 법도 다양하다. 사람마다 제각각 다르게 먹는다. 어떤 사람은 반으로 갈라 적당한 넓이로 썰어서 먹는다. 가장 큰 조각의 수박을 먹는 셈이다. 그렇게 먹을 때엔 가장자리에서는 괜찮지만 중간쯤에서는 수박의 과즙이 양 볼에 묻게 마련이다. 보기에도 좀 그렇고, 얼굴에 묻는 과즙이 찝찝하다.
 어떤 사람은 그렇게 썬 것을 한 번 더 갈라서 먹는다. 크기가 한결 작아지니 입에 쏙 들어가 볼에 과즙이 묻지 않는다. 그래서 조금은 품위 있게 먹을 수 있다. 손님에게 수박을 대접할 때엔 대체적으로 그렇게 준비를 한다.

어렸을 때의 수박 먹는 법은 조금 달랐다. 대체로 화채를 해서 먹었다. 수박 한 통을 사오면 반으로 갈라 숟가락으로 속을 파내어 화채를 만들어 먹었다. 양푼에다 가게에서 사온 얼음을 조각내고, 사카린이나 설탕을 넣고, 때로는 사이다를 부어 먹기도 했다. 가난했던 시절이라 양을 늘려 먹는 방법이었다. 더위를 날리는 면에서는 실용적인 수박 먹는 방법이었다.

우리 부부의 수박 먹는 법도 얼마 전까지는 별반 다르지 않았다. 반으로 잘라 한 번 더 가르는 방법이거나 그것을 다시 쪼개는 방법이었다. 그런데 그렇게 먹다 보니 만족스럽지 않았다. 늘 느끼는 것이지만 달콤한 부분을 먹고 난 다음, 껍질 가까이에 가서는 맛이 떨어진다. 그래서 알뜰히 먹지 않아 붉은 과육을 남기기도 했는데, 그럴 때면 괜히 누군가로부터 눈총을 받는 느낌이 들곤 했다. 그렇다고 맛이 없는 것을 박박 긁어 먹을 수도 없어서 늘 뒤끝이 개운치 않았다.

그러고 보니 수박은 몹시 까다로운 과일이다. 사과나 배, 복숭아, 참외 같은 과일들은 껍질을 벗기거나 그대로 먹어도 첫맛과 끝맛에 별 차이가 없다. 그런데 유독 수박만이 첫맛과 끝맛이 현격한 차이가 난다. 첫맛이 좀 못하더라도 끝맛이 좋아야 할 텐데 수박은 그 반대인 것이다. 그렇다고 맛있는 수박을 먹지 않을 수는 없는 노릇이다.

그래서 수박 먹는 법을 바꾸어 보았다. 수박을 깍두기처럼 썰어서 먹기 시작했다. 수박을 사 오면 껍질을 발라 버리고 속만 남긴다. 남은 속살을 대충 다듬어 유리그릇에 담아 보관한다. 그리고 먹고 싶을 때 꺼내어 그것을 나누어 먹는다. 그렇게 하니 처음 맛과 마지막 맛이 같아 여간 좋은 게 아니다. 맛의 균일화가 이루어진 셈이다.

시원하고 맛난 수박을 먹으며 우리네 삶도 수박 먹기와 마찬가지라는 생각이 들었다. 처음엔 좋았던 사람이 끝이 좋지 않은 경우가 있다. 젊어서 잘나가다 늙어 고생하는 사람도 있다. 사람과의 만남도 끝이 좋아야 하겠지만, 인생 또한 후반이 상큼해야 잘 살았다고 할 수 있겠다.

내가 이토록 수박 먹는 법을 가지고 가타부타 따지는 것은 쓴맛만 보다가 이제야 달콤한 맛을 본 때문인지도 모른다. 지금 먹는 이 수박처럼 인생 후반도 쌈박해야 할 텐데…. 수박을 한 입 베어 물고 인생을 생각해본다.

전쟁 준비

"나는 죽은 목숨이다."

모임에서, 전쟁이 나면 자신은 죽은 목숨이나 다름없다고 어느 분이 말했다. 위쪽에서 한창 핵실험을 하고, 미사일을 쏘아 올릴 때여서 긴장이 최고조에 달했을 때였다.

그분은 건강이 좋지 않아 매달 병원의 처방전을 받아 약을 복용하는 분이었다. 약을 매일 드시기 때문에 전쟁이 나면 처방을 받지 못할 테고, 약을 복용하지 않으면 생명을 이어갈 수 없을 것이라는 말이었다.

그 말을 듣고 보니 나도 마찬가지라는 생각이 들었다. 나도 매달 병원에 가서 한 달치의 혈압약을 처방 받아 투약을 하는 형편이다. 그러니 그분과 하나도 다를 바 없다. 죽음이 눈앞에 있는 듯하여 정신이 번쩍 들었다. 그런데 나는 그분처럼 한번도 그런 생각을 해 본 적이 없으니 삶의 태도가 허술하기 이를 데 없다는 생각이 들었다.

다음 날부터 하루에 한 알씩 먹는 약을 반으로 줄여 남는 반을 쟁여놓기로 했다. 만약을 위해 은행에 저축하듯 비축해 두자는 심산이었다. 하루는 온전히 한 알을 먹고 다음 날은 반 알을 먹는 방법이었다. 이제껏 별 이상이 없었기에 그렇게 해도 괜찮을 듯했다.

그래도 안심이 되지 않아 일주일을 그렇게 한 후 병원에 가 혈압을 체크해 보았다. 예상대로 혈압은 정상수치로 나왔다. 기가 막힌 아이디어라며 속으로 쾌재를 불렀다. 스스로 생각해도 괜찮은 전쟁 준비인 것 같았다.

그런데 병원을 나서며 한심한 생각이 들었다. 저 위쪽에 계시는 무지막지한 어른은 핵폭탄을 만들어 실험을 해대고 수천 킬로미터나 날아가는 고고도미사일을 쏘아 올리는 실험을 하며 착착 전쟁 준비를 하는 판에, 고작 혈압약을 반으로 쪼개쟁이며 쾌재를 부르는 꼴이 한심하기 짝이 없다는 생각이 들었다. 만약 전쟁이 나서 핵폭탄을 우리 머리 위에 터뜨린다면 그깟 혈압약이 무슨 소용이 있겠는가.

집으로 돌아와서도 찜찜함을 떨칠 수가 없었다. 과연 이 전쟁 준비를 해야 하나 그만두어야 하나 지금도 갈등 중이다.

저마다의 삶

 삶이 이렇게 고달플 줄은 미처 몰랐다. 견디는 것도 하루 이틀이지 이젠 그냥 그러려니 하고 살아간다. 그러고 보니 내 운명도 참 기구하구나.
 내가 이 집에 오게 된 것은 십여 년 전이었다. 아마 내 전임의 수명이 다하여 나를 데려왔으리라. 여느 친구들처럼 나도 아파트에 오게 되었다. 그런데 이 집은 여느 가정과는 달랐다. 대체로 안주인들이 나를 다루는 데 반해 이 집은 바깥양반이 나를 부린다. 안주인은 걸레질을 하고 바깥양반이 나를 끌고 다닌다.
 그가 처음 내 목을 잡았을 때부터 어딘지 우악스럽다 느꼈는데 그게 지금껏 이어질 줄이야. 그는 나를 끌고 나가면 맨 처음 안방의 구석으로 간다. 내 심장이 요동치기 시작하면 그는 뒷걸음질을 하며 방 중앙으로 나아간다. 그럴 때 내 몸통이 그의 뒷발에 부딪치기 일쑤다. 목과 몸통을 연결하는 목줄이 짧기에 어쩔 수 없는 것이다. 그런데 그는 짜증을 내며 내 몸통을 사정없이 발뒤꿈치로 걷어찬다.

하지만 아프다는 소리도 지르지 못하고 끙끙 앓기만 한다. 때로는 내 몸이 문턱에 걸렸는데도 사정없이 잡아당긴다. 그럴 땐 목이 끊어질 듯 아프다. 때로는 문턱을 넘지 못하고 나뒹굴어져 가쁜 숨만 내쉴 때도 있다. 내가 죽는다고 소리를 내는데도 그것도 넘지 못하느냐며 오히려 짜증을 부린다. 그는 거친 게 아니라 난폭하기 이를 데 없다.

그가 왜 난폭하게 되었는지를 처음엔 몰랐다. 나중에 알고 보니 안주인이 자기에게 청소를 시키는 데 대한 화풀이란 걸 짐작할 수 있었다. 종로에서 뺨 맞고 한강에 화풀이한다더니, 안주인에게 낼 화를 왜 내게 내는지 도무지 모르겠다.

그런데 지나고 보니 안주인에게도 문제가 있었다. 바깥양반에게 청소를 부탁을 하는 것이 아니라 지시를 했다. 어투도 사뭇 명령조였다. 또 청소를 해놓으면 고맙다는 표현은 없고 여기저기 잘못된 곳을 지적하곤 했다.

우리가 거친 손길을 느끼는 것처럼 사람도 지시하거나 명령하는 어투에 기분 좋을 리 없을 것이다. 또 남자들이 어찌 여자들처럼 꼼꼼하게 청소를 하겠는가. 안주인은 남자들의 생리를 이해하지 못하는 것 같았다. 그래서 이 집의 청소는 안주인의 지시로 시작하여 잔소리로 마무리 짓곤 했다. 그러니 바깥양반이 성질을 낼 수밖에.

 바깥양반도 문제가 많다. 청소는 여자가 해야 한다는 사고가 깊게 뿌리내리고 있다. 네가 할 일을 왜 내게 시키느냐는 저의가 있는 것 같다. 또, 주변을 둘러봐도 청소는 자기만 하는 것 같아 억울해 하는 듯하다. 삶이란 모두 제각각 다르건만 그는 어리석게도 그것을 아직 깨닫지 못하고 있다.

 아무튼 이 집 주인들의 갈등에 나만 골병이 들고 있다. 다른 집에 갔더라면 당하지 않을 고통을 당하고 있는 것이다. 내 마음을 수차례 전달했건만 그들은 아직 알아차리지 못하고 있다.

 오늘도 나는 바깥양반에게 목줄을 잡히어 이리저리 끌려다닌다. 아! 기구한 내 팔자여….

틈을 위하여

올 여름은 가뭄이 극심했다. 예년에 비해 강수량이 엄청나게 적었던 탓이다. 논이 쩍쩍 갈라지고 벼는 말라 비틀어졌다. 식수도 고갈되어 빨래는 고사하고 밥도 짓지 못하는 곳이 있었다.

올해처럼 가뭄이 심했던 때가 있었다. 소방차가 물을 퍼다 날랐고, 물 한 방울이라도 모으려고 굴삭기들이 하천 바닥을 긁어댔다. 농민들은 양수기를 구하지 못해 발을 동동 굴렸다.

바로 그런 해에 양수기를 생산하는 공장을 했었다. 농기구 부품을 제조하다가 욕심을 내어본 것이 양수기였다. 양수기는 가뭄을 만나면 요즘 말로 대박을 터뜨리는 품목이었다. 그래서 많은 사람들이 도전을 한다.

가뭄도 주기가 있다. 양수기 업자는 그것을 계산하고 뛰어들지만 예상이 빗나가면 엄청난 뒷감당을 해야 한다. 백과사전 ≪브리태니커≫의 쿠폰으로 어렵사리 '그리니치' 천문대의 통계 자료까지 얻었다. 내년에 심한 가뭄이 예상된다는 확실한 정보를 손에 쥔 셈이었다.

양수기 제조에 본격적으로 뛰어들었다. 우선 시판되고 있는 양수기 중에 가장 좋은 것을 구했다. 그 견본품을 분석을 하여 미비한 점을 보완도 했다. 금형(틀)을 만들어, 주물공장에 시제품 생산을 의뢰했다. 각 부품들이 가공되어 조립을 했고, 작동을 시켰더니 성공이었다. 시제품이 나왔으니 이제 대량으로 만들면 된다.

그런데 문제가 불거졌다. 제품이 두꺼워 무게가 많이 나갔다. 소비자는 튼튼하여 좋겠지만 원가가 높아진다. 무게를 줄이면 이익도 늘어나고 경쟁력도 높아진다. 무조건 얇게 만들어야 했다.

그때는 동업同業을 했었다. 나는 판매를 맡고, 가공 기술을 가진 동업자는 생산을 책임졌다. 기술적인 문제에 대해서는 그의 뜻에 따를 수밖에 없었다. 얼마간의 시간적 여유도 있고 해서 두께를 줄이는 것에 동의를 했다.

양수기 몸체의 두께라 해봐야 3mm 미만이다. 그는 2mm로 줄여 보자는 심산이었다. 두께를 줄이자면 금형(틀)을 수정해야 한다. 금형은 외형과 내형이 있는데 양수기의 내부는 압력에 영향을 주어 손을 댈 수 없다. 그러므로 외형을 깎아야만 했다.

거의 한 달에 걸쳐 외형을 깎아내었다. 그 작업은 손으로 할 수밖에 없다. 그야말로 1밀리미터를 가지고 싸우는 것이다. 만약 너무 깎았다 싶으면 파라핀을 입혀 복원하고 두껍다고 생각되면 다시 긁어내며 두께를 조절해야 하니 정확할 리도 없고 시간도 많이 걸렸다.

얼추 수정을 하여 쇳물을 부어 보았더니 불량품이 많이 나왔다. 외형을 줄였으니 내형과의 틈이 좁아진 것이다. 그러니 쇳물의 흐름이 느려져 구석구석에 가지 않아. 온전한 양수기 형체가 나올 리 없었다. 생산량의 절반이 불량이었다.

다시 파라핀을 입혀 두께를 조절해 보았다. 그래도 불량은 줄어들지 않았다. 시간이 빌 때마다 금형을 수정했다. 눈대중으로 하는 것이라 마음대로 되지 않았다. 안 되겠다 싶어 두껍게라도 생산하자고 하니 동업자는 고개를 저었다.

그러는 가운데 모내기철이 되었고, 양수기는 날개 돋친 듯 팔려나갔다. 어찌 알았던지 우리 공장에도 문의가 쇄도했다. 그러나 생산량은 얼마 되지 않아 한 점포에 공급하기도 바빴다. 그리니치 천문대의 통계자료가 맞아떨어진 셈이었다.

주문이 쇄도하여 출근을 주물공장으로 해야 했다. 주물을 빨리 부어 달라고 애걸복걸했다. 내가 관리자로 근무했던 공장이라 내 말을 잘 들어주었다. 몇 명의 작업자는 아예 우리의 양수기만 찍고 있는 형편이었다. 그러나 나오는 생산량은 역시 반타작밖에 되지 않았다.

그렇게 불량이 많이 나오니 주물공장의 직원들도 불만이 커졌고, 슬슬 상사의 눈치를 보는 형편이 되었다. 종일토록 그 공장에 진을 쳤지만 건지는 물건은 얼마 되지 않았다. 그렇다고 다시 금형을 만들 수도 없었다. 금형 제작은 최소한 한 달이 걸리기 때문이다.

동업자에게 원가를 따질 계제가 아니니 파라핀을 듬뿍 입히자고 설득했지만 조금만 손을 보면 된다고 했다. 손톱만큼의 틈도 보이지 않는 그의 고집에 내 속은 시커멓게 타들어갔다.

동업자는 매사에 빈틈이 없는 사람이었다. 그래서 무슨 일에나 실수가 없어서 믿을 만했다. 어떤 일이든지 정해진 규칙과 규범대로 해야만 했다. 그러니 그에게서는 조금의 틈도 찾아 볼 수 없었다. 공구가 제자리에 놓여 있지 않는 것은 말할 것도 없고 바닥에 볼트 하나 떨어진 것에도 눈살을 찌푸렸다. 그토록 빈틈없는 성격이니 내 말은 씨알도 먹히지 않아 속에서 천불이 났다.

그러는 가운데 온갖 곳에서 양수기를 달라고 난리가 났다. 늘 물건을 가져가는 판매점에서는 직원 한 사람이 아예 파견을 나와서는 페인트가 채 마르지도 않은 제품을 싣고 가는 판국이었다. 얼마지 않아서는 페인트칠은 고사하고 조립하자마자 서로 신고 가겠다고 주먹다짐까지 일어났다.

　동업자를 설득해봐야 통하지 않을 것 같아 내 임의로 파라핀을 듬뿍 입혀 두께를 늘렸다. 그러나 버스 떠나자 손 흔드는 격이었다. 양수기의 그림자만 비춰도 상인들이 달려들었던 그 해에 우리는 1mm의 틈을 줄여보겠다고 그토록 안간힘을 썼으니…. 바보짓도 그런 바보짓이 없었다.

상처뿐인 영광

　이상한 소문을 듣게 되었다. 처남 덕분에 살게 되었다는 소문을 들었다. 기분이 묘했다. 처남과 전혀 관련이 없는 것은 아니니 그런 소문이 돌 수도 있으리라. 그러나 몰라도 한참 모르는 소리라고 해주고 싶었다.
　그런 말이 나오게 된 것은 작년부터 임대한 건물에서 매달 월세를 받는 것이 발단인 듯했다. 오랫동안 가구공장을 했던 부지에다 지난해에 건물을 지어 임대를 했다. 그 토지의 전 소유주가 바로 처남이기 때문에 그런 소문이 난 것이리라.
　철없던 한때, 농기구 도매업을 하다 가산을 탕진했었다. 처남의 권유로 가구 도매업을 시작했지만 장래가 보이지 않았다. 회의를 느낄 때쯤, 처남이 가구 공장을 권했다. 자본이 없어서 처남의 창고 일부를 빌려 시작했다. 처남은 사세를 확장하느라 더 넓고 번듯한 공장을 지어 이전을 하고, 그 건물은 창고로 사용하고 있었다.

천우신조였을까. 내가 개발한 제품이 크게 히트를 하면서 생산이 수요를 따라가지 못할 지경에 이르렀다. 손에 들어온 돈이 달아나는 것만 같았다. 무엇보다 작업장을 넓히는 것이 급선무였다. 그쪽 지리에 밝은 처남과 함께 부지를 물색하러 나섰다.

몇날 며칠 다닌 끝에 큰 복숭아밭을 보게 되었다. 마음에 들었다. 큰 도로에서 한참 들어가 있는 자갈밭이어서 값도 헐했다. 계약은 다음날 하기로 하고 돌아오는 길이었다. 처남이 뜬금없이 자기 공장을 사지 않겠느냐고 물었다. 갑작스런 제안에 어리둥절했지만 단번에 좋다고 답을 했다. 이유는 잘 가동되고 있는 공장을 갑자기 옮기는 것보다는 그대로 있는 것이 좋을 듯했기 때문이다. 값은 처남이 달라는 대로 주기로 하고 공장을 매수하게 되었다.

처남도 그 부지를 매도해야만 했다. 넓은 공장으로 이전했지만 창고가 부족하여 내게 빌려준 공장으로 제품을 옮겨 놓는 판국이었다. 제품을 옮기려니 인건비 손실이 이만저만이 아니었다. 그래서 창고를 증축하지 않으면 안 될 입장이었다. 당연히 자금이 필요했고, 방법은 그 공장을 내게 매도하는 것이었다. 말하자면 누이 좋고 매부 좋은 격이었다.

내가 매입한 처남의 땅은 도시계획선이 그어져 있었다. 그것도 하나가 아니고 가로와 세로, 두 개의 도시계획선이 교차되어 있었다. 숙맥인 내가 알기로도 그런 땅은 최악의 땅이었다. 그러나 그때는 제품이 없어서 팔지 못할 정도로 호황이어서 부지를 마련하고 건물을 짓고 하는 동안 제품을 만들면 더 큰 소득이 있을 것 같아 도시계획 같은 것은 안중에도 없었다.

그 공장을 사서 내리 몇 년간 호황을 누렸다. 그러나 그리 오래가지는 않았다. 중국에서 만든 가구들이 들어오면서 경쟁력은 급격히 떨어졌다. 허덕이게 된 것은 당연지사. 결국 10여 년 동안 하던 공장을 접을 수밖에 없었다.

공장을 접었으니 다른 무엇이든 해야 했다. 자본을 마련하기 위해 공장을 처분하려니 아무도 거들떠보지 않았다. 시세의 절반이라도 처분해야 했다. 그러나 그조차 임자가 나타나지 않았다. 가로와 세로로 그어진 도시계획선이 문제가 되었다.

공장을 가동할 때엔 도로가 나지 않는 것이 좋았다. 공장 이전을 하는 동안 제품을 만들지 못할까봐서다. 그런데 가동을 멈추니 그렇게 도시계획이 속을 썩이는 존재가 되었다. 팔리지 않으면 얼른 도로라도 나서 보상이라도 받았으면 좋으련만 전혀 그런 기미도 없었다. 어쩔 수 없이 기다려야 할 운명이었다. 운명은 인내를 요구했고, 인내는 가혹한 고통을 동반했다.

수입이 없는 가장의 고초를 그 누가 짐작할까. 상상 이상이었다. 가족들 앞에 설 수 없는, 고개 숙인 남자가 될 뿐이었다. 자본이 없어 다른 사업을 할 수 없는 것은 당연하고, 특별한 기술이 없어 어디 가서 일도 할 수 없고, 나이가 들어 막일도 할 수 없는 처지였다. 그러니 가진 것들을 저당잡혀 빚으로 살아가야 했다. 가장으로서 할 짓이 아니었다. 하루하루가 좌절의 연속이었고 죄책감에 절어 허우적거릴 뿐이었다.

그러나 뒤늦게 하나의 논리를 찾게 되었다. 도로가 날 때까지 기다리면 분명 그 대가는 있을 거라는 자위적인 논리였다. 도로가 나면 지가가 오를 것은 틀림없다. 보상을 받고 나머지 땅의 상승분을 합하면 분명 사업을 하는 것보다는 훨씬 큰 소득이 있을 것이라 예상되었다. 아내를 설득을 했지만 아무 소용이 없었다. 예상은 예상일 뿐 현실은 너무나 냉정하고 가혹했다.

살을 에는 고통을 참으며 견디는 수밖에 없었다. 그것을 운명이라 여겼다. 어떠한 고통도 참아 내어야만 했다. 고통이 극에 달했을 때는 못난 생각도 수없이 했다. 그러나 실행에 옮길 모진 성격도 아니어서 그러지도 못했다. 가슴은 찢어져 너덜너덜했고, 머리는 망가져 흐물흐물해진 채 그냥 죽지 못해 살 뿐이었다.

얼마나 기다렸을까. 기진맥진 끝에 도로가 뚫리고, 보상을 받았다. 쓰디쓴 인내의 대가였다. 그동안에 진 빚을 갚았다. 그런데 길만 나면 모든 것이 다 해결되리라는 생각은 오산이었다. 땅의 모양이 갈치처럼 길쭉한 것도 결점이고, 도로에 접한 면이 얼마 되지 않아 상가로 조성하는 것도 문제였다.

우선 갈치 모양을 면하려면 인접한 국유재산을 불하 받아야 했다. 그 땅은 십여 년에 걸쳐 민원을 제기했지만 늘 거절 통보만 받았다. 이번이 마지막 기회다 싶어 친구의 도움을 받아 천신만고 끝에 불하를 받았다. 다음은 대로에 많이 접하는 땅으로 만드는 작업을 해야 했다. 옆 지주와 서로 땅을 주고받는 어려운 거래를 해야 했다. 끈질긴 협상 끝에 반듯한 땅을 만들게 되었다.

그렇게 했건만 땅을 사겠다는 사람은 나타나지 않았고, 예상했던 시세도 되지 않았고, 상가도 형성되지 않았다. 실로 난감했다. 주위에 건물이 들어설 때까지 또 기다려야 했다. 한숨과 탄식이 절로 나왔다. 무슨 팔자가 이러할까.

몇 년이 지나니 주위에 건물들이 하나 둘 들어서기 시작했다. 느리기는 나무늘보 놀음 같았다. 그러니 넙죽 건물을 지을 수가 없었다. 건물을 지어놓고 세가 나가지 않으면 땅만 날아가기 마련이다. 기다리고 또 기다렸다. 이미 기다리는 선수가 된 마당에 그까짓 것 기다리지 못하겠는가.

드디어 때가 왔다. 근처의 부동산 중개소에서 좋은 값을 쳐

줄 테니 땅을 팔라고 했다. 얼싸 좋다고 응하려 했더니 양도소득세가 문제였다. 계산을 해보니 이만저만이 아니어서 팔 수도 없었다. 그렇다고 건물을 짓자니 목이 좋지 않다는 주위의 염려가 있었다. 그야말로 갈등의 소용돌이에 휘말리고 말았다. 어떻게 하든 결단을 내려야 했다.

  땅을 팔면 우선 막대한 세금을 내어야 한다. 그 나머지 돈으로 건물을 사든가 어딘가의 땅을 구입하여 건물을 지어야 한다. 답이 나오지 않았다.

  지금까지와 다르게 생각해 보았다. 누군가가 내 땅에 건물을 지으려 한다면 그만한 쓸모가 있다. 그 땅에 내가 건물을 짓는다면 팔고 사는 과정의 세금을 버는 것이 된다. 그 세금은 내가 어떠한 짓을 해도 벌어들일 수 없는 큰돈이었다.

  건물을 짓기로 마음을 굳혔다. 약간의 돈만 투자하여 건물을 지으면 월세가 들어온다. 그것으로 부부가 그저 연명하면 된다. 욕심낸다고 될 일이던가 그럭저럭 살다가 보잘것없는 것이나마 자식들에게 남겨 주자는 소박한 계획을 세웠다.

  지난해, 내리쬐는 땡볕 아래 건물을 짓기 시작했다. 지으면서도 임대하지 못할까봐 노심초사했다. 건물을 완공 했을 때엔 감회가 깊었다. 긴 세월, 생사고락을 같이했던 땅이다 보니 그럴 수밖에 없었다. 참으로 한도 많고 설움도 많은 건물이기 때문이다. 다행히 완공이 된 지 얼마 되지 않아 세입자들이 나타났다. 그래서 통장으로 매달 임대료가 들어온다.

  예전에 비해 형편이 조금 나아진 것은 사실이다. 그러나 누구로 인해 살게 되었다는 소리는 엉뚱하기 그지없다. 재주 없고 못난 사람이지만 내 딴에는 온갖 고통을 이겨내며 이룬 성과인데 그마저 인정받지 못한다니 서운했다.

  지금도, 예전에 계약하기로 했던 그 복숭아밭을 가끔 지난다. 그 밭은 내가 속을 부글부글 끓일 때 이미 상가로 변했다. 그래서 그 앞을 지나게 되면 속이 울렁거린다. 또한 온몸을 오그리고 잠을 설치던 그 시절이 생각나서 우울해진다. 이런 심정을 속속들이 모르니 그런 소리를 하는 것이리라.

의지意志의 열쇠

자주 떠올리는 영화가 있다. 〈로렌조 오일(Lorenzo's Oil)〉이라는 영화다. 때로는 난제에 부딪혀 운명에 맡겨야 할 지경에 이를 때가 있다. 그럴 때 이 영화를 떠올리곤 한다. 미국에서 실제 있었던 일이기에 믿음이 가고, 다른 무엇보다 효과가 있기 때문이다.

미국인 '오도네' 부부에게는 '로렌조'라는 다섯 살 난 아들이 있다. 단란하기만 하던 그 가정에 불행이 닥친다. 아들이 원인도 모르고, 또 치료 방법도 없는 불치병(ALD)이란 진단을 받는다.

ALD라는 병은 선천적 효소 결핍으로 특정 지방산이 뇌에 쌓이면서 뇌신경을 감싸고 있는 물질을 파괴하는 무서운 병이다.

이것이 계속 진행되면 언어장애, 행동장애로 나타났다가 결국에 식물인간 상태가 되고, 2년 안에 죽음을 맞이하는 무서운 병이다.

의사들도 어쩔 도리 없이 환자를 지켜볼 수밖에 없다. 다급해진 오도네 부부가 가장 먼저 한 것은 병에 걸린 아이들의 부모 모임에 가입한 것이었다. 그들의 권유로 식이요법을 시도하지만 역시 효과가 없다는 것을 알게 된다. 그 사이 로렌조의 병은 점점 더 악화된다.

의사들은 안전이라는 미명하에 효과가 없는 치료만을 고집하고, 연구소의 과학자들도 그들과 다를 바 없다. 오도네가 다른 치료법을 찾아 나서자 오히려 방해를 하며 포기할 것을 강요한다.

하는 수없이 오도네는 연구소와 도서관에 진지를 구축한다. 그는 책 더미 속에서 지방산에 관한 모든 자료를 찾기 시작한다. 밤과 낮이 따로 있을 수 없다. 어느 날, 오도네가 쓰러져 잠든 사이에 지방산을 만드는 하나의 효소가 모든 지방산을 만든다는 꿈을 꾸게 된다. 그 꿈으로 말미암아 '에루카산'이라는 물질이 지방산 축적을 저지한다는 결론까지 얻는다. 얼마나 집요하게 매달렸으면 꿈에 나타났을까.

연구소 소장은 오도네가 발견한 생합성 비밀을 높이 평가한다. 하지만 에루카산은 쥐의 실험에서도 심장마비를 일으키는 등 심각한 부작용이 있다며 치료제로 쓰는 것은 불가하다고 한다.

그러나 오도네는 동양에서 식용으로 사용하는 '평지씨 오일 (유채유)'에 에루카산이 다량 함유된 것을 알아낸다. 다시 소장을 찾아간 오도네는 죽어가는 아들의 약으로 쓰는데 무슨 문제가 되느냐고 따지지만 소용이 없다. 이에 화가 난 오도네는 자기가 밝힌 생합성의 원리와 에루카산의 필요성을 전 세계의 관련자에게 편지를 써서 보내고, 정제된 에루카산을 구한다는 호소를 신문에도 싣는다.

하늘은 돕는 사람을 돕는다고 했던가. 영국의 한 화장품 회사에서 평생 정제 오일을 만드는 연구원이 전화를 걸어온다. 정제 에루카산을 만드는 것이 가능할 것 같다고 한다.

그는 은퇴가 6개월밖에 남지 않았던 상태. 하지만 로렌조를 위해 9개월 동안 밤낮을 가리지 않고 실험에 매달린 끝에 추출한 에루카산 한 병을 보내온다.

그즈음, 로렌조는 신경과 몸의 기능이 파괴되어 거의 식물인간이 되어 있다. 그 상황에서 정제된 에루카산 오일을 코를 통하여 주입한다.

몇 개월 후, 로렌조의 피 검사결과 모든 수치가 정상으로 나오는 감격을 맛보게 된다. 또 몇 개월 후에는 눈을 깜빡이고, 침을 삼키고 그렇게 회복되어 컴퓨터로 의사소통을 할 수 있게 된다. 너무 늦은 치료로 인해 로렌조는 수명을 연장하는 것에 그쳤지만 다른 아이들은 정상적인 치료가 가능해진다.

이 성공으로 오도네 부부는 ALD 치료제인 '로렌조 오일'이라 명명된 특허를 받게 되고, 의학계에 미친 공로로 명예 의학박사 학위까지 받게 된다.

오도네는 어떤 사람인가. 그는 그저 평범한 은행원이었다. 그런 그가 생화학자들조차 엄두를 내지 못한 의약품을 개발했다. 그가 그토록 힘든 일을 해낼 수 있도록 한 것은 도대체 무엇일까. 그것은 바로 동기부여라고 생각한다. 자식을 살리기 위한 동기부여가 그를 그처럼 집요하게 만들었고, 그 집요함은 생합성 비밀을 밝혀내고 마침내 불치병 치료제까지 만들게 했다.

우리는 어렵고 복잡한 일을 만나게 되면 '할 수 없어!' 라며 손사래 치기 일쑤다. 조금 더 어려운 일에 부딪치면 '전문가가 아니라서-.' 라며 멀찌감치 도망을 간다. 도저히 해결의 실마리가 보이지 않는 일을 당하게 되면 '운명인 것을!' 하며 포기하고 만다.

이 영화는 어떤 일이든 의지에 달렸고, 집념을 가지고 파고 든다면 무엇이든 해결할 수 있다는 것을 우리에게 보여주었다. 죽어가는 자식을 구한다는 일념으로 임한다면 과연 안 되는 일이 있을까. 마음을 어떻게 가지느냐에 따라 운명도 바꿀 수 있다.

나는 어렵고 힘든 일을 만나면 영화 '로렌조 오일'을 떠올린다.

동네 병원

　올 여름은 불가마였다. 찌는 듯한 더위도 더위지만 무지막지한 놈이 갑작스레 덮친 때문이었다. '대상포진'의 기습 공격을 받은 것이다. 근 한 달여 그놈과 맞서느라 이번 여름은 실로 불가마 속에서 허우적댄 셈이다.
　그놈이 오기 이삼 일 전이었다. 자꾸만 어깨가 결리는 것 같았다. 잠을 잘못 자서 그렇겠거니 하고 무시했다. 성정이 본디 미련하여 그 정도는 참을 만했다. 다음날은 등 뒤까지 욱신거렸다. 이거, 안 되겠다 싶어 병원을 찾았다.
　동네의 병원은 큰길의 조그마한 건물 2층에 있다. 의사 선생은 젊고 사근사근한 사람이다. 그는 간호사 둘과 조촐하게 병원을 꾸리고 있다. 어쩌다 가는 편인 나 같은 사람을 갈 때마다 알아보고 상냥히 대해주는 것으로 보아 환자는 그리 많지 않은 듯했다.

　의사는 어디가 편찮으시냐고 물었다. 어깨가 결리고 등 뒤가 화끈거린다고 했다. 의사는 환부를 보고 아무 이상 증세가 없으니 단순한 근육통이 아니겠냐고 했다. 만약 붉은 반점이 돋아 있으면 대상포진인데 발진이 없으니 단순한 근육통일 것이라는 것이다. 듣던 중 반가운 소리였다.

　대상포진은 그 통증이 무지막지하다고 알고 있다. 통증은 그렇다 하고 만약 얼굴에 오기라도 하는 날엔 후유증이 이만저만이 아니라고 한다. 그 병이 아니라는 게 얼마나 다행인가. 약 처방을 받아 병원을 나섰다.

　그날 밤, 약을 먹었는데도 통증은 오히려 가파른 상승곡선을 그렸다. 풀쐐기에 쏘인 듯이 따갑고 화끈거렸다. 열대야로 헉헉거리는 판에 엎친데 덮친 격이었다. 자다 깨다, 몽롱한 의식 속에서도 근육통이 아니라 분명 큰 병이 났구나 싶었다.

　다음 날 아침, 일어나자마자 거울을 보니 이게 웬일인가. 가슴에서 옆구리, 그리고 등 뒤까지 좁쌀 같은 붉은 점들이 무수히 돋아나 있는 게 아닌가. 음흉한 침입자가 피부은 포탄에 꼼짝없이 당한 것이다. 서둘러 병원으로 향했다.

　집 앞 골목을 벗어나 길을 건너려는데 불현듯 오늘이 일요일이라는 것이 생각났다. 얼마나 쑤시고 아팠던지 요일이고 무엇이고 아무 생각이 없었던 게다. 일요일엔 어느 병원이든

문을 닫으니 가보아야 허탕이다. 종합병원의 응급실로 갈까 하다가 오늘 하루만 더 참아보자 싶었다. 그러나 이곳까지 온 게 아까워 내친김에 병원까지 가 보았다.

이게 웬 일인가. 닫혀 있어야 할 병원 문이 열려 있지 않은가. 문이 열린 것은 어찌됐거나 내겐 잘된 일이었다. 에멜무지로 온 건데 내 사정을 어찌 알고 문을 열었을까. 의아해 하며 병원을 성큼 들어갔다.

수부에는 의사 혼자 동그마니 앉아 있었다. 진료를 하느냐고 묻자 물론이라고 하는 의사는 마치 기다렸다는 듯이 반겼다. 병원 문을 열어 놓고 있는 것, 내가 올 줄 알고 있은 듯한 표정, 모두가 예상을 뒤엎는 일이었다.

의사는 단순한 근육통이라면 선생님이 오시지 않겠지만 만약 대상포진이라면 통증을 견딜 수 없기에 혹시나 하고 기다렸다고 했다. 원, 세상에! 나 한 사람을 위해 휴일에 일부러 문을 열고 기다리고 있었다니…….

의사는 가슴과 등의 붉은 반점들을 보더니 발진이 이렇게 급속히 번지는 것은 처음이라며 하루만 더 늦게 오셨으면 입원치료를 받을 정도라고 했다. 뒤이어 아래층 약국의 문이 열려 있더냐고 물었다. 아니나 다를까 병원을 들어서며 보니 약국의 문까지 열려 있었다. 그렇다고 했더니 의사는, 선생님이 오실까 봐 약사에게 내일 아침 손님이 많을 것 같으니 오전에

동네 병원

문을 여는 게 좋을 것 같다고 했단다. 세상에! 그의 세심한 배려에 한 번 더 놀라지 않을 수 없었다.

만약 문이 열려 있지 않았다면, 통증을 참으며 다음 날에나 병원에 갔을 터였다. 그랬다면 입원해야 할 것은 당연지사. 링거 줄을 주렁주렁 매달고 꼼짝없이 누워 있어야 하고, 산고에 가깝다는 고통을 견뎌야 했을 것이다. 빠른 조처에도 이렇게 아픈데 상상만으로도 진저리가 쳐진다.

이번 일을 겪으며 덩치가 크다고 마냥 좋은 것은 아니라는 걸 새삼 느꼈다. 작아도 집 가까이에 꼭 있어야 할 것들이 있다. 큰 곳에서는 보이지 않는 따뜻한 정과 푸근한 배려가 있기 때문이다.

슬리퍼를 끌고 어슬렁어슬렁 가도 되는 이발관이나 목욕탕이 있어야 한다. 아장아장 걷는 손자손녀의 손을 잡고 과자를 사 줄 수 있는 슈퍼가 있어야 한다. 반바지 차림으로 가서 먹을 수 있는 국수집과 통닭집도 있어야 한다. 복숭아나 사과, 콩나물이나 파를 살 수 있는 과일가게, 야채가게도 있으면 좋겠다. 이번 여름, 인정과 배려의 덕을 톡톡히 본 동네 병원처럼.

그는 바보인가?

 수소폭탄이 터졌다. 연일 미사일을 쏘아대더니만 오늘은 수소폭탄 실험을 했다. 수소폭탄은 엄청난 파괴력을 가진 무기가 아닌가. 인류가 개발한 가장 강력한 무기라 한다. 그들의 일련의 행동은 도를 넘고 있다.
 그들의 목표는 부국강병이요 나아가 한반도 통일이다. 그러기 위해서 우리를 인질로 잡고 미사일과 수소폭탄 실험을 하여 동맹국인 미국을 협박하고 있다.
 그들의 무모한 행동에 세계만방이 어디 가만있겠는가. 지구촌 모든 이들이 비난하고 있다. 그런대도 그들은 핵과 미사일에 빠져 헤어 나올 줄을 모르고 있다.
 그처럼 최첨단 무기들을 만들려면 엄청난 재원이 필요하다. 그 재원은 어떻게 조달했을까. 백성들은 굶주려 아사 직전인데 구호할 생각은 않고, 오로지 전쟁에만 골몰하고 있다. 이보다 더한 바보짓이 어디 있겠는가.

참으로 바보짓이란 것은, 그렇게 백성들을 굶기지 않고, 세계만방으로부터 비난 받지 않고, 요란스럽게 나대지 않아도 그들의 목표대로 한반도는 자연히 통일될 것이다.

이유인즉, 우리의 대통령 출마자들은 표를 얻기 위해 군 복무기간을 줄이려 한다. 아마 다음 대통령 후보들도 복무 기간을 대폭 줄이겠다는 공약을 할 게 틀림없다. 천금 같은 표 때문에 얼마지 않아 군 복무 자체가 아예 없어질지도 모른다. 군인도 없는 곳에 미사일, 핵폭탄을 터트릴 일이 무에 있을까.

통일이 된다는 확고부동한 또 다른 이유가 있다. 근래, 이쪽 대한민국이 세계 저출산국가로 명예로운 일등을 차지했다고 한다. UN 통계 조사이니 믿을 만하다. 아이를 낳지 않아 지구상에서 가장 먼저 없어질 나라로 선정되었다. 그러니 쉬엄쉬엄 시간만 끌면 자동으로 민족통일, 조국통일, 한반도 통일이 될 것을 괜한 고생을 하고 있으니 바보짓이 아니고 무엇인가.

참맛

비빔밥이 꿀맛이다. 별난 나물이 들어간 것도 아니다. 그저 콩나물무침과 달래무침에 무생채뿐이다. 양념으로는 된장국과 고추장을 넣은 것뿐이다. 그런데도 맛이 기가 막힌다. 밭고랑에 주저앉아 먹는 새참이 이렇게 맛있을 줄이야.

시골 사는 친구네에 일손을 거든다고 배추 뽑기에 나섰다. 몇 고랑 뽑지 않았는데 땀은 범벅이고 뱃가죽이 등에 붙어 쓰러질 지경이다. 역시나 들일은 뱃심으로 하는 게다. 새참으로 나온 비빔밥이 어찌나 맛있던지 양푼을 박박 긁는다.

초등학생 때였다. 아버지를 따라 묘사에 갔다가 돌아오는 길이었다. 11월의 차가운 바람 때문에 그야말로 춥고 배가 고파 쓰러질 지경이었다. 오랜만에 오신 서울의 종조부께서 역 부근의 식당으로 우리를 데리고 들어갔다. 김이 모락모락 나는 뚝배기가 나무판자로 된 탁자 위에 놓였다. 뿌연 국물 속에 갈색의 동글동글한 것들이 들어 있었는데 지금까지 잊지 못하는 황홀한 맛이었다. 지금 생각하니 순대국밥이었다.

가장 맛있었던 라면은 산행에서 먹었던 라면이다. 백두대간 종주를 하느라 야간산행으로 대관령을 지날 때였다. 가을 아침인데도 추워서 턱은 딱따구리 소리를 내고 있었다. 거기다 밤이 새도록 걸었으니 오죽이나 배가 고팠을까. 준비해 간 차가운 김밥을 먹는데 동행한 후배가 끓인 라면 한 컵을 내밀었다. 콩나물을 넣어 끓인 라면은 기가 막힌 맛이었다. 그 뜨겁고 시원한 국물 맛은 결코 잊을 수가 없다.

IMF때, 사업에 실패한 친구들이 매일 사무실로 찾아왔다. 저녁이면 으레 술상을 차려야 했다. 늘 삼겹살이 안주가 되었다. 가스버너에 불판을 올리고 고기가 다 익어갈 때쯤 부추 한 단을 덤벙 반으로 잘라 고기 위에 얹고 소금을 슬슬 뿌려 먹던 그 맛이란…. 고기가 모자라도 걱정 없었다. 부추만으로도 맛은 기가 막혔다.

돈을 조금 만졌을 때엔 고급 음식점에도 가보았다. 나름 맛집을 찾아다니는 식도락을 즐기기도 했다. 그런데 그 음식들은 별로 기억에 남아 있지 않다. 내 기억에 남은 맛 있는 음식은 모두 비싸지 않고 흔하게 먹던 음식인 것은 무슨 까닭일까.

오늘 비빔밥을 먹으며 음식의 맛은 어느 때, 누구와 먹었느냐에 따라 다르게 기억된다는 것을 새삼 깨닫는다. 내 기억의 곳간에 있는 맛있었던 음식은 모두 형편이 어려울 때, 처지가 좋지 않을 때 먹었던 흔한 음식이었다. 그런 음식들이 내는 맛이 참맛인가보다.

어디 음식의 맛만 그러할까. 인생에서 느끼는 기쁨이나 보람도 그럴 것이고, 어려울 때 받은 도움 또한 그러하지 않을까.

그럴듯한 허상

 봄인가 보다. 시위대의 함성이 우렁차다. 붉은 띠를 머리에 두르고 주먹을 불끈 쥔 시위대의 모습에서 결기가 느껴진다. 봄이면 연례행사처럼 벌어지는 게 바로 임금인상 시위다.
 고용자와 피고용자 간의 밀고 당기는 것은 어제 오늘의 일이 아니다. 비록 단순했지만 옛날 농경사회에서도 있어왔던 것이다. 머슴을 부렸으면 응당 적정한 세경을 주어야 하는데 일부 얌삽한 이들이 약속대로 주지 않는 경우가 있었기 때문이다. 언제나 양자 간의 믿음이 문제이다.
 단순했던 농경시대에도 말썽이 있던 것이 이처럼 복잡한 산업사회가 되었으니 말썽이 많아진 것은 당연하다 하겠다. 피고용자는 흑자 경영을 했으니 더 나은 처우를 바라고, 고용자는 적자 경영을 대비해야 한다며 앓는 소리를 한다. 협상과정에서 이렇게 속내를 밝히지만 상대는 역시 믿어 주지 않는다.

항상 밀리기만 했던 피고용자들의 소리가 세월의 흐름에 따라 점차 높아졌다. 수가 늘어나 집단화가 되었기 때문이다. 자연 농경사회에서 묵살되던 요구들이 터져 나오게 되었다. 그래서 고용주들이 점점 밀리는 추세에 놓였다.

고용주들도 이에 질세라 강력한 주장을 한다. 노동생산성 통계를 제시하며. 다른 나라의 비해 임금 대비 생산성이 매우 낮다고 주장한다. 일은 더 하지 않고 임금만 더 달라고 한다는 것이다. 피고용자들은 또 그에 항변을 한다.

오래전, '신바람 운동'이 이슈가 된 적이 있었다. 환경을 만들어 주고 분위기가 조성되면 능률이 오른다는 이론이었다. 좋은 이론임에 틀림없다. 그러나 그렇게 한다고 해서 해결될 문제일까 하는 의구심이 있었다.

한때, 제조 공장에 관리직으로 있었을 때의 일이었다. 정부 기관에 납품을 하는 물품을 제작했었다. 하루 생산량을 볼 때 납품 날짜를 맞추기가 어려웠다. 어쩔 수 없이 근로자들을 주야 교대 근무를 시켰다. 그래도 납기일을 맞추기가 어려웠다.

그런데 주야 교대 근무를 하니 주간과 야간 근무자의 생산 수량이 대비가 되었다. 어느 날은 한쪽의 생산량이 많았다. 그러자 자기들끼리 담합을 하였는지 꼭 같이 생산을 하였다. 그렇지 않아도 공기를 맞출 수 없어 관리자들은 난감한 상황이었다.

부장이 눈치를 채고 한쪽의 팀장을 불러 생산을 더 한다면 회식을 시켜주겠다고 부추겼다. 과연 시킨 대로 생산량이 불어났다. 담합이 깨어지자 팀 간에 서로 옥신각신했다. 다른 쪽의 팀장에게도 그런 식으로 부추겼다. 그러자 그쪽의 생산량보다 더 생산을 한 것이다. 이렇게 서로 경쟁을 하다 보니 이전의 생산량보다 무려 곱절에 가까운 생산량이 나오게 되었다.

결국 평소에는 자기들 역량을 발휘하지 않고 일을 했다는 것이 사실로 드러난 셈이었다. 어쨌든 그렇게 하여 공기 내에 납품은 무사히 마쳤다. 하지만 그 후의 생산량은 이전의 수준으로 돌아가고 말았다. 그래서 신바람은 단기간에 어떤 목적을 완수하는 데에 걸맞은 것이라 생각되었다.

물론 좋지 않은 분위기에서, 우울하게 일을 한다면 능률이 오를 리 없다. 그러나 계속하여 신바람을 일으키려면 뭔가를 지속적으로 제시하거나 투여해야만 하리라. 신바람이 그저 일어나는 것은 아니기 때문이다. 한번 일으킨 신바람도 얼마쯤 지나면 시들해질 것이 분명하다. 단위를 높여가며 계속 무언가를 투여해야만 하니, 각성제 주사를 맞는 것이나 진배없다.

신바람보다 자신의 역량만큼 일을 하는 것이 옳은 방법이 아닐까. 그러므로 노와 사 어느 쪽이건 신바람보다 정직이 먼저라는 생각이다.

봄날, 잠깐인 것을

영락없는 노숙자다. 벤츠 승용차를 몇 대나 굴리던 부호가 노숙자 신세로 전락하고 말았단다. 다시 보아도 TV에 보이는 이는 완연한 노숙자다. 중국의 한 사업가가 크게 성공하여 엄청난 부자가 되었지만, 방탕한 생활을 일삼다가 하루아침에 노숙자 신세가 되었단다.

국내에서도 그런 일이 있었다. 복권에 당첨되어 일약 부자가 되었던 사람들이 쪽박을 찼다는 뉴스를 여러 번 보았다. 사기에 넘어가고, 사치와 방탕으로 돈을 날린 후 목숨을 끊은 이들이었다. 오히려 복권에 당첨되지 않았더라면 어우렁더우렁 잘 살 사람들인데 제 명대로 살지 못했다. 그런 뉴스를 접할 때마다 안타깝기 이를 데 없었다.

가구 공장을 할 때였다. 어린이용 책상을 개발했었다. 정확히 말하자면 유아용 책상이다. 아이가 의자에 앉기 이전에, 엄마 옆에서 돌봐줄 수 있게끔 높이를 낮게 만든 책상이다. 예전의 우리가 쓰던 앉은뱅이책상보다 더 낮아 아이들에게 딱 맞는 디자인이었다.

디자인의 포인트는 높이를 낮게 하고도, 학용품이나 장난감을 넣어놓을 수 있도록 함을 설치했다는 점이었다. 뚜껑을 열면 그것들을 꺼내 쓸 수 있는 간단하지만 실용적인 구조여서 나름 스마트하고 새로운 디자인이었다. 아이디어를 짜내어 만들었으니 역작이라고 자부했다.

시제품을 우리 애들에게 안겨 주고 요모조모 살폈더니 활용도가 높았다. 상품화 하면 되겠다 싶어 회심의 미소를 지었었다. 아무도 만들지 않은 독특한 디자인이니 독점이 가능할 것 같았다. 일단 특허부터 제출했다. 어려운 심사를 통과하여 실용신안 특허 등록이 되었다. 한국 발명품 전시회에 출품도 하여 우수상도 수상했다. 뛸 듯이 기뻤다.

제품을 만들어 판매를 시작했다. 이곳저곳서 많이들 찾았다. 이젠 되었구나 싶었다. 특허도 받아 놓았겠다, 이처럼 많이들 찾으니 '고생 끝, 행복 시작!'이라며 두 팔 벌려 크게 외쳤다. 이보다 탄탄대로가 있을까 싶었다. 이 나라에 아이들이 태어나는 한, 영원히 생산할 수 있을 것 같았다.

그런데 그렇게도 잘 팔리던 것도 몇 년이 지나자 슬슬 판매가 줄어들기 시작했다. 나 같은 영세업자가 어찌 광고를 할 수 있겠는가. 몸부림을 쳤지만 판매는 계속 감소를 했고, 마침내 생산을 중단할 수밖에 없었다. 여차하면 다시 생산하리라 생각했지만 결국 그 모델은 사장될 수밖에 없었다. 얼마나 서운하던지ㅡ. 세상에 영원한 것은 없다는 것을 그때 처음 깨닫게 되었다.

 많은 사람들이 호황을 맞으면 그것이 영원히 지속될 것이라 믿는다. 처음엔 그 호황이 믿기지 않다가도, 시간이 지나면서 계속 이어질 것만 같은 최면에 걸린다. 언젠가 그 호황도 종말이 온다는 것을 전혀 예상하지 못한다. 누군가 옆에서 귀띔이라도 하면 왜 그런 상상을 하느냐며 서운해 하기까지 한다.

 그러니 불황에 대한 대비가 전혀 있을 리 없다. 기업의 경우엔 시설 투자와 방만한 경영을 하게 된다. IMF 사태 때에 나가떨어진 기업들은 모두 시설투자와 방만한 경영 때문이었다. 자신의 자본에 알맞은 사업 규모를 유지해야 하는데 머릿속에는 언제나 잘될 것 같은 착각에 빠져 있기 때문이다. 그러니 은행에서 대출을 받아 확장에 확장을 거듭하다가 불황을 만나면 한순간에 나가떨어지고 만다.

 복권 당첨자의 낭비와 사치도 기업의 방만한 경영과 같은 것이다. 돈을 지녔을 때에 몸에 밴 사치와 낭비가 패가망신의 촉매제가 되는 터. 누구라도 일확천금을 하게 되면 돈을 물 쓰듯 쓰게 된다. 가진 것이 좀처럼 줄어들지 않을 것 같고, 쓰면 물처럼 솟아날 것 같은 착각에 빠지기 때문이다.

정권이 바뀌면 높은 자리에 있었던 분들이 줄줄이 재판정에 들어선다. 그것도 마찬가지다. 그들 또한 자신들의 권력이 영원할 줄 알았던 것이다. 돈보다 권력이 오히려 부침이 심하지 않던가. 자리에서 밀려나면 다음 날부터 본체만체하는 게 권력이다.

어디 부와 권력만 그러할까. 명예도 그러하고 인기도 그러하다. 하늘 같은 명예와 인기도 티끌 같은 실수나 잠깐의 방심에 바닥으로 추락하고 만다.

우리네 삶 또한 그러하지 않은가. 젊었을 적엔 늙는다는 것을 좀처럼 예상하지 못한다. 뒤뚱거리는 노인들을 보며 결코 저렇게는 되지 않을 거라 생각한다. 그러나 어김없이 늙고 병들어 먼 곳으로 가는 것이 우리네 삶인 것을.

소소한 호사豪奢

　햇살이 따스하다. 성근 나무 가지 위에 오후의 햇살이 말갛게 내리고 있다. 집으로 가다 공원에 들렀다. 붉게 물든 나뭇잎들이 하나둘 발아래에 흩어진다. 가을이 깊었나 보다. 공원은 사색에 빠진 지 오래된 듯하다. 벤치에 앉아 가벼운 사색에 빠진다. 말갛게 내리는 햇살, 붉게 물든 나뭇잎, 사색에 빠진 공원, 이 모든 것들이 나를 따뜻하게 감싸는 듯하다.
　일이 없어 무료한 날은, 아침 느지막이 집을 나선다. 영화관에 가는 것이니 별난 준비 없이 나서도 된다. 서두르지 않고 어슬렁어슬렁 시내로 향한다. 시가지의 중심부가 지척에 있다 보니 운동 삼아 걷는다. 이렇게 걷지 않으면 또 언제 걷겠는가.
　시간이 빌 때마다 이렇게 영화관엘 간다. 젊어서부터 영화를 좋아했는데 지금껏 이어지고 있다. 개봉관을 가기도 하고 실버극장을 찾기도 한다. 요즘 영화도 궁금하지만 지나간 추억의 영화를 보는 맛 또한 쏠쏠하다.

실버극장에서는 젊었을 적, 보지 못했던 영화들을 가끔 만난다. 옛 영화들을 복원시켜 상영을 한다. 첨단 기술의 혜택을 고스란히 받는 것이 더없이 감사하다. 명작이라며 각종 잡지에 거론되었던 〈공포의 보수〉, 〈종착역〉, 〈12인이 성난 사람들〉, 〈천국의 열쇠〉, 〈황혼〉 같은 명화를 보게 되다니 이런 행운이 어디 있겠는가. TV 명화극장에서도 볼 수 없던 것이니 더없는 행운이다.

영화를 보고나면 점심때가 된다. 부근의 식당으로 가서 점심식사를 한다. 이름난 맛집에 들러 식도락을 즐길 때도 있지만, 쌀쌀한 날엔 따뜻한 국물이 있는 국밥을, 더운 날에는 시원한 국수 한 그릇이면 족하다. 친구와 동행할 때엔 술 한 잔을 곁들이며 방금 본 영화의 명장면이나 명대사를 되짚기도 한다.

점심을 먹고 바로 집으로 돌아가기에는 왠지 섭섭하다. 부근에 있는 커피숍에 들른다. 커피숍엔 젊은이들로 넘쳐난다. 그들과 함께 커피 향을 맡으며 젊음 속에 빠져본다. 생동감 넘치는 그들에게서 강한 기운이 느껴진다. 한동안 그렇게 앉아 있으면 무엇이든 해야겠다는 의욕이 솟는다.

커피숍을 나와서는 집으로 향한다. 가는 길목에는 공원이 두 개나 있다. 걸음을 멈추고 벤치에 몸을 맡긴다. 공원의 안온

한 정경이 눈에 가득 찬다. 상큼한 공기도 폐부 깊숙이 들어온다. 오후의 공원은 이렇듯 늘 한가롭고 포근하다. 그렇게 앉아 사색을 즐기노라면 더없이 평안하다. 말갛게 내리는 햇살, 붉게 물든 나뭇잎들을 보고 있으면 세상에서 내가 가장 호사를 누리는 것처럼 느껴진다.

  오늘도 하루를 즐겁게 보낸 셈이다. 이 얼마나 다행한 일인가. 특별한 일이 없었음에도 포만감을 느끼니 천만다행이 아닌가. 어떤 일이 있더라도 이보다 더한 호사는 바라지 않는다.

신현식 수필집
주머니에 든 행복

인쇄 2017년 12월 1일
발행 2017년 12월 7일

지은이 신현식
발행인 서정환
펴낸곳 수필과비평사
주소 서울시 종로구 삼일대로 32길 36(익선동 30-6 운현신화타워 빌딩) 305호
전화 (02) 3675-3885, (063) 275-4000 · 0484
팩스 (063) 274-3131
이메일 sina321@hanmail.net   essay321@hanmail.net
출판등록 제300-2013-133호
인쇄 · 제본 신아출판사

저작권자 ⓒ 2017, 신현식
이 책의 저작권은 저자에게 있습니다. 서면에 의한 저자의 허락없이 내용의 일부를 인용하거나 발췌하는 것을 금합니다.
COPYRIGHT ⓒ 2017, by Sin Hyunsik
All rights reserved including the rights of reproduction in whole or in part in any form.
저자와 협의, 인지는 생략합니다.
잘못된 책은 바꿔 드립니다.

ISBN 979-11-5933-135-0 03810
값 13,000 원

> 이 도서의 국립중앙도서관 출판예정도서목록(CIP)은 서지정보유통지원시스템 홈페이지(http://seoji.nl.go.kr)와 국가자료공동목록시스템(http://www.nl.go.kr/kolisnet)에서 이용하실 수 있습니다.(CIP제어번호:CIP2017031852)

Printed in KOREA